AF222680

Thomas Spangler

Das Hobbyschnitzen

-- *Leitfaden zum erfolgreichen Schnitzen* --

7. Auflage

Impressum:

Kontaktdaten:
Spangler Thomas
Schloßstr. 4 / Raitenbuch
D-92366 Hohenfels
Tel: 09472 578
Fax: 09472 1482
info@hobbyschnitzen.de
http://www.hobbyschnitzen.de

Bibliografische Information der Deutschen Nationalbibliothek:
Die Deutsche Nationalbibliothek verzeichnet diese Publikation in der Deutschen Nationalbibliografie;
detaillierte bibliografische Daten sind im Internet über http://dnb.d-nb.de abrufbar.

© 2015 Spangler Thomas
Herstellung und Verlag: Books on Demand GmbH, Norderstedt.
Umschlaggestaltung, Satz und Layout: Spangler Thomas.

ISBN 978-3-8370-0246-1   7.Auflage

Inhaltsverzeichnis

1. Vorwort

Wieso dieses Buch?
In meiner Tätigkeit als Geschäftsführer des „Hobby-Versand-Spangler"
(Schnitzerbedarf-Versand für Hobbyschnitzer) wurde mir im Laufe der Zeit
eines bewusst:

Durch verschiedenste Anlaufpunkte für werdende Hobbyschnitzer, wie
Versandhäuser, Schnitzschulen, VHS-Schnitzkurse sowie Schnitzvereine, wird
einem der Einstieg in dieses kreative Hobby nicht gerade einfach gemacht.
Grund hierfür ist, dass man einfach zu viele Menschen mit unterschiedlichen
Meinungen und Erfahrungen, in einem doch sehr unübersichtlichen
Produktangebot, trifft.

Jede Firma empfiehlt ihre eigenen Produkte ohne dabei umfangreiche
Aufklärung über Vorteile und besonders über Nachteile zu geben. Die
Produkte anderer Hersteller werden oft unnötig „schlechtgeredet" ohne eine
aussagekräftige Begründung zu nennen.
Die wenig ehrlichen unter den Verkäufern gehen hierbei leider unter, bzw.
ernten vom Kunden kaum Glaubwürdigkeit.
Dozenten an Schnitzschulen, VHS-Kursen und Schnitzvereinen vermitteln
ihren „Schülern" nur das, was Sie auch selbst gelernt haben.
So kommt es beispielsweise sehr oft vor, dass in einem Schnitzkurs das
Schärfen von Schnitzeisen nicht vermittelt wird oder teilweise nur
altertümliche Arkansas-Steine und Lederriemen zur Vorführung kommen.
Solche Dinge sind in Zeiten von Schleifmaschinen einfach nicht mehr
zeitgemäß.
Doch warum sollte Ihnen der Dozent etwas Moderneres, Einfacheres lehren,
wenn er es selbst nicht anders weiß bzw. anders gelernt hat? Meist steckt auch
ein kleiner Konkurrenzgedanke dahinter, wie: „Ich musste mich damals dabei
immer abmühen, sollen DIE doch auch mal ganz von vorn beginnen".
Hier den ehrlichen Schnitzlehrer zu finden, ist nicht ganz einfach.

Wie sollen Sie nun, als absoluter Neuling, den richtigen Einstieg in dieses doch
sehr komplexe Hobby finden?
Je mehr Leute Sie um Hilfe und um deren Meinungen bitten, ganz gleich ob
eine Firma oder ein Privatmann, umso mehr unterschiedliche Aussagen werden
Sie bekommen.

Jeder erzählt Ihnen etwas anderes...... Jeder empfiehlt Ihnen andere Produkte...... und nun?
Nun müssten Sie, als absoluter Laie, eine Entscheidung treffen, die normalerweise erst ein Profi mit viel Erfahrung treffen kann.

Aus diesem Grund habe ich den *„Leitfaden zum erfolgreichen Schnitzen"* für Sie verfasst.
Auf den folgenden Seiten werde ich Ihnen alle wichtigen Möglichkeiten aufzeigen, wie Sie Ihr neues Hobby ausüben könnten. Ich werde Ihnen möglichst neutral viele Produkte vorstellen und selbstverständlich auch meine Empfehlungen aussprechen. Diese dann natürlich entsprechend begründen und auch mögliche Nachteile erwähnen.

Wenn Sie diese Zeilen lesen, sind Sie bereits auf dem richtigen Weg!
Wichtige Punkte werde ich bewusst des Öfteren in verschiedenen Kapiteln erwähnen, damit Sie sich diese auch gut einprägen.

Nehmen Sie sich dafür Zeit, je mehr umso besser.
Denn erstaunliche Erfolge erzielen Sie nur mit ausreichend Zeit, Geduld und der Lust am Schnitzen.

Sollten dennoch Fragen auftreten, können Sie mich gerne auch im persönlichen Gespräch etwas näher kennenlernen. Kontaktdaten finden Sie im Impressum dieses Buches.

Ihr Spangler Thomas

Hinweis

Zu Beginn möchte ich es nicht versäumen, Ihnen etwas Wichtiges ans Herz zu legen: *Unabdingbar für jeden Anfänger ist ein Schnitzkurs!*
Nur in solchen Kursen können Sie durch die Praxis und den Anweisungen Ihres Dozenten die wichtigsten Grundkenntnisse beim Schnitzen erlangen.

Über Schnitzkurse und andere Lehrmöglichkeiten, wie zum Beispiel Lehrfilme auf DVD, werde ich Ihnen in späteren Kapiteln nähere Informationen bieten. Geizen Sie hier keinesfalls an Geld oder Zeit. Hier würden Sie in jedem Fall an der falschen Stelle sparen.

----

2. Holz

Beginnen wir nun mit dem wichtigsten Material beim Schnitzen, dem Holz.
In den meisten Fällen werden Sie Holz bzw. Schnitzrohlinge *(siehe 3. Kapitel)*
aus Linde, Zirbe oder Weymouth-Kiefer (Strobe) bearbeiten.
Diese genannten Hölzer sind in ihrer Beschaffenheit sehr weich und eignen
sich daher ideal zum Schnitzen.
Andere, härtere Hölzer wie etwa Eiche und Ahorn lassen sich
selbstverständlich auch schnitzen, erfordern jedoch bei weitem mehr Zeit,
Erfahrung und Geduld.

.....aber, ersparen wir uns die lästige Holzkunde!
Schroff gesagt wäre es reine Zeitverschwendung, wenn ich Ihnen nun all die
Theorie beibringen möchte. Es würde Ihnen nicht viel helfen!
Halten Sie sich am besten immer an das Motto: „learning by doing", was so
viel heißt wie: Beginnen Sie mit der Praxis und lernen Sie aus der Erfahrung.

Besorgen Sie sich ein Stück Schnitzholz, idealerweise aus Linde, und beginnen
Sie einige verschiedene Schnitte mit Ihren verschiedenen Werkzeugen zu
machen. So werden Sie am ehesten lernen wie das Holz auf die Werkzeuge
reagiert, welche Schnitte gut gelingen, welche eher schlecht. Warum es
manchmal schnell ausreißt, oder „butterweich" Schneiden lässt.
Probieren Sie es aus. Sie werden sehen, dass auf unterschiedlich angesetzte
Schnitte auch unterschiedliche Ergebnisse entstehen.
Merken Sie sich für die Zukunft: Überlegen Sie sich immer vorher jeden
Schnitt, bevor Sie ihn letztendlich ausführen!

Wichtig für Sie ist folgendes Wissen: *Nicht jede Holzsorte ist in sich gleich!*
Zwischen einem Lindenholzstück und dem anderen Lindenholzstück können
gravierende Unterschiede vorkommen.
Obwohl beides Linde ist, können sie sich in Farbe, Maserung und auch Härte
stark unterscheiden.

Das Holz eines sehr schnell gewachsenen Baumes hat beispielsweise breite
Jahresringe und ist in seiner Beschaffenheit sehr **weich**.
Ein Baum, der aufgrund seines Standortes langsam wächst, hat eng
zusammenliegende Jahresringe und ist dadurch um einiges **härter**.

| enge Jahresringe (=härter) | breite Jahresringe (=weicher) |

Auch kammergetrocknetes Holz wirkt meist härter als konventionell luftgetrocknetes.

Vergessen Sie nicht, dass Holz eine natürlich wachsende Pflanze ist, die man in ihrer Eigenschaft und ihrem Wachstum kaum beeinflussen kann!
Auf solch natürliche Toleranzen müssen Sie sich daher unbedingt einstellen. Denn eine andere Maserung oder Härte erfordert auch ein anderes Arbeiten mit Ihrem Werkzeug.

Tipp:
Sollten Sie mal ein besonders poröses, sprödes Holz bearbeiten, das beispielsweise durch sehr lange Lagerung stark ausgetrocknet ist, so befeuchten Sie dies am besten mit etwas Wasser. So kann man das Holz kurzfristig wieder etwas geschmeidiger machen.
Bestens geeignet hierzu ist ein Pumpsprüher für Zimmerpflanzen. Mit dessen Hilfe können Sie das Holz gleichmäßig befeuchten, und nach ca. 5-10 Minuten Wartezeit das Schnitzen beginnen.

Ganz wichtig hierbei ist allerdings, dass Sie Ihr Schnitzeisen bei der Bearbeitung mit einer richtigen Schneidebewegung führen. Also nicht nur schieben und drücken, sondern dabei auch eine leicht seitliche Bewegung machen.
Wenn Sie hier Ihr Werkzeug nur in einer Richtung führen, würden Sie die sehr spröde Holzfaser regelrecht vor sich herschieben. Kleinere Einrisse und eine sehr unsaubere Oberfläche wären dann das Resultat.
Denken Sie hierbei an das Durchschneiden einer Wurst. Würden Sie diese mit dem Messer nur durchdrücken hätten Sie kaum Erfolg. Denn nur

durch das „hin und her" Bewegen des Messers erhalten Sie einen sauberen Schnitt. Genauso ist es beim Holz auch. Nicht nur in eine Richtung schieben, sondern versuchen einen sauberen <u>Schnitt</u> auszuführen.

Sie merken nun schon..., manches Holzstück wird mehr Aufmerksamkeit und Vorsicht von Ihnen erfordern, als manch anderes. Stellen Sie sich darauf ein!

Viele Hobbyschnitzer neigen dazu, beim Schnitzen eines Rohlings, bei dem die Schnitte einfach nicht gelingen wollen, die Schuld auf das Holz zu schieben. Nur sehr wenige kommen aber auf die Idee, dass eventuell das eigene Schnitzeisen nicht scharf genug sein könnte.
Denn Voraussetzung zum richtigen Schnitzen unterschiedlicher Hölzer sind **perfekt geschärfte Schnitzeisen** *(näheres siehe 6. Kapitel)*. Ohne scharfes Werkzeug werden Sie definitiv immer Probleme bei besonders weichen oder auch besonders harten Hölzern haben.

Prägen Sie sich daher unbedingt ein:

„Es gibt kein schlechtes Holz,
nur schlechtes Werkzeug oder mangelndes Können!"

Wichtig:
Schnitzen Sie unbedingt mit sauberen Händen!
Waschen Sie diese auch öfter während des Schnitzens und besonders nach dem Schärfen und Abziehen ihrer Schnitzeisen.
Anfallende Holzspäne <u>nicht</u> mit der Hand wegwischen, sondern am besten wegpusten.
Reinigen Sie auch die Schnitzeisen nach jedem Schärfvorgang, indem Sie die Schleif- und Polierpastenrückstände mit einem Tuch abwischen.
Denn nur so bleibt Ihr geschnitztes Werk schön sauber!
Sofern es Ihr „Gefühl" nicht beeinträchtigt, wäre eventuell auch die Verwendung eines feinen Baumwollhandschuhs eine gute Lösung.

In vielen Schnitzkursen wird tatsächlich gelehrt, den entstandenen Schmutz auf den geschnitzten Werken mit einer Seifenlauge abzuwaschen.
Unterlassen Sie das unbedingt! Besonders bei größeren, verleimten Figuren werden Sie damit auf Dauer erhebliche Probleme (aufreißen der Leimfugen sowie Spannungsrisse) bekommen.

3. Schnitzrohlinge

Als angehender Hobbyschnitzer werden Sie anfänglich sicherlich oft Rohlinge nachschnitzen.

Ein Schnitzrohling, auch Holzrohling oder Fräsling genannt, ist ein maschinell vorgefrästes Motiv. Wie der Name schon sagt, handelt es sich um die Rohform einer Figur, bei der alle Konturen bereits mit einer Fräsmaschine ausgearbeitet wurden. Durch diese vorgefrästen Konturen, sind keine bildhauerischen Kenntnisse notwendig.
Solch Rohlinge müssen von Ihnen komplett nachgeschnitzt werden.
Nach Vollendung werden diese meist noch gebeizt o. bemalt. *(siehe 10. Kapitel)*

Mit ein wenig Übung und Geschick kann das „Nachschnitzen" wirklich von jedem ausgeführt werden!

Rohlinge werden von Holzbildhauern oft schlechtgeredet.
Fakt ist aber, dass in Holzschnitzereigeschäften 95% aller erhältlichen, handgeschnitzten Figuren, aus so einem Fräsling gefertigt wurden.
Denn aufgrund der Zeitersparnis, werden die Figuren für den Kunden somit bezahlbar.
Figuren die aus einem Holzblock gehauen werden, bezeichnet man als Unikate oder Einzelstücke. Das sind echte Bildhauerarbeiten, die man nur ein einziges Mal anfertigt und somit meist mehrere tausend Euro kosten.

Wichtig !

Benutzen Sie zum Nacharbeiten von Schnitzrohlingen ausnahmslos nur Schnitzwerkzeuge. Verwenden Sie keinesfalls Schleifpapier oder Stahlwolle um die Oberfläche zu glätten!
→ Das Benutzen von Schleifpapier ist eine „Todsünde" unter den Schnitzern!
Geschliffene Oberflächen dürfen nicht mehr mit Schnitzmessern überarbeitet werden. Denn die feinen Kornrückstände des Schleifpapiers würden die Schneide Ihrer Werkzeuge sofort stumpf machen.
Außerdem darf so eine „aufgeraute" Oberfläche nicht mit Wachsbeizen behandelt werden, da Ihr Werkstück sonst fleckig wird.

Ein kleiner Einblick in die Herstellung solcher Fräslinge (hier: Wildschwein):

Das ausgesuchte Holz wird nach
sorgfältiger Trocknung auf die
benötigte Form zugeschnitten und
dann zu einem Holzblock verleimt.

Danach wird dieser Block in eine
Fräsmaschine eingespannt und
ausgearbeitet.
Als Abtastvorlage dient meist ein
Hartholz- oder Bronzegussmodell.

*Moderne CNC-Technik ermöglicht
das Speichern der
Fräsbewegungen. Dadurch kann
die Wiedergabe ohne Abtastvorlage
und in beliebiger Größe erfolgen.*

Abhängig vom Modell und der
Fräsqualität kann die Bearbeitung
bis zu 20 Stunden dauern.

Nach Fertigstellung muss das
überschüssige Holz, das aufgrund
der Einspannvorrichtungen nicht
weggefräst werden kann, an den
Enden (siehe Bild) abgeschnitten
werden.

Der fertige Holzrohling kann dann
an Hobbyschnitzer verkauft
werden.

Tipp!

Nicht alles was Sie in einer Holzschnitzerei finden werden, ist auch wirkliche Handarbeit! Hier wird viel mit Worten gespielt um unnötig hohe Preise zu rechtfertigen. Um Ihnen einen kleinen Einblick über die verschiedenen Bezeichnungen zu geben, nachfolgend nun einige wichtige Erklärungen:

Feingefräst / Fertiggefräst:
Das heißt, die einzelne Figur wird vom rohen Stück Holz, meist Ahorn, bis zur Fertigstellung mit einer Maschine bearbeitet. Dies ist also keine individuelle Schnitzerei, sondern Serienfertigung.
Das erste Stück einer Serie sieht genauso aus wie beispielsweise das hundertste Stück. Nachdem die Figuren aus der Maschine kommen, werden nur noch die feinen Konturen und Kanten mit dem Schnitzmesser nachgestochen.
Diese Arbeiter werden auch Putzer genannt, da sie die Figuren nur an bestimmten Stellen nachputzen. Das komplette Nachschnitzen, wie bei den Schnitzrohlingen, ist hier nicht mehr möglich bzw. erforderlich.

Holzgeschnitzt:
Dies ist eine Bezeichnung, die so ähnlich klingt wie handgeschnitzt. Es handelt sich dabei aber um die oben beschriebene Maschinenarbeit.

Handgearbeitet:
Dies ist ebenfalls eine Bezeichnung, die so ähnlich klingt wie handgeschnitzt. Es handelt sich jedoch auch hier um die oben beschriebene Maschinenarbeit.

Handgeschnitzt (aus Rohlingen):
Schnitzrohlinge sind Figuren, die grob mit der Bildhauerkopierfräse vorgefräst und dann vollkommen von Hand überarbeitet werden *(wie auf Seite 12 schon erklärt)*. Bei der fertig überschnitzten Figur darf dann nichts mehr von der Maschinenfräsarbeit zu sehen sein.
Diese Art der Schnitzerei ist die wohl verbreitetste Art des Holzschnitzens. Sie erspart dem Bildhauer die grobe und sich immer wiederholende Aushauarbeit. Wenn der Rohling komplett nachgeschnitzt wurde, dann ist die auf diese Weise gefertigte Figur eine echte "Handschnitzerei " und darf auch mit Zertifikat verkauft werden.

4. Einspannungen / Arbeitsplatz

Kommen wir nun zurück zu unserem Schnitzrohling.
Keinesfalls können Sie Ihre Figur in der einen Hand festhalten, während Sie es
mit der anderen Hand bearbeiten.
Zum Schnitzen benötigen Sie immer und unbedingt **beide** Hände.
Ihr Werkstück müssen Sie deshalb sorgfältig an Ihrem Arbeitsplatz
festspannen.

Hier gibt es verschiedene Möglichkeiten und Produkte. Die Besten davon
möchte ich Ihnen nachfolgend gerne aufzeigen:

Der Holzwinkel mit Figurenschraube:
Ein Schnitzwinkel ist die am meisten verwendete und zugleich günstigste Art
Ihre Werkstücke richtig einzuspannen. Sofern Sie eine Hobelbank / Werbank
zu Hause haben, wäre dies die beste Lösung:

Der Winkel wird in eine Werkbank eingeklemmt *(siehe rechtes Bild)* und
könnte auch an einem Tisch oder Balken festgeschraubt werden.
Den Rohling befestigt man hier von unten mit einer Figurenschraube.
Somit wäre die Figur um 360° drehbar und, abhängig von Ihrer
Holzwinkelbefestigung, auch in verschiedene Neigungen schwenkbar.

Wer schon etwas Geschick im Umgang mit Holz hat, sollte sich so einen
simplen Winkel selbst bauen. Dieser muss ja nicht unbedingt in seiner Achse

schwenkbar sein, wie die obigen Abbildungen. Eine feste Achse reicht auch:

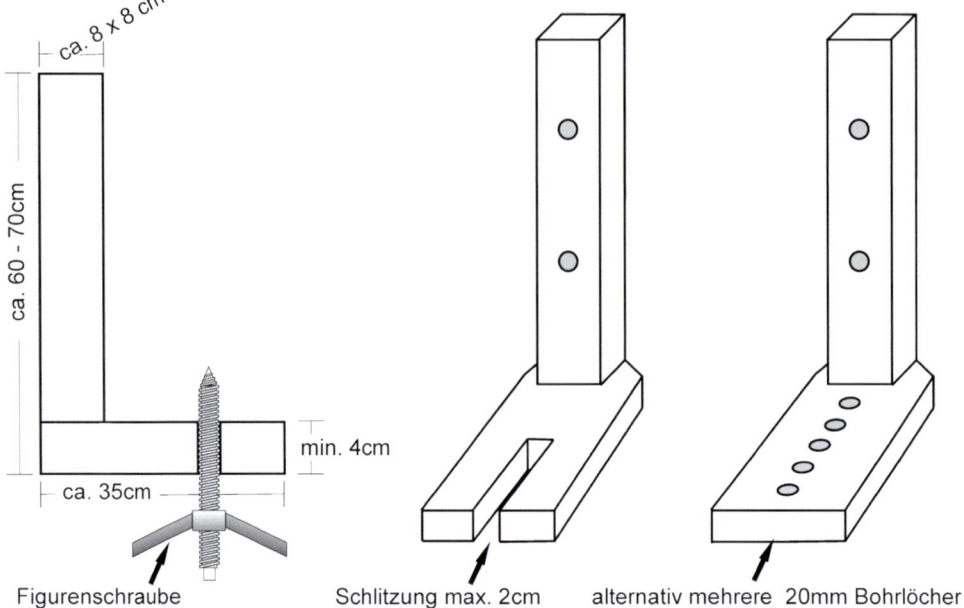

ca. 8 x 8 cm

ca. 60 - 70cm

min. 4cm

ca. 35cm

Figurenschraube

Schlitzung max. 2cm

alternativ mehrere 20mm Bohrlöcher

Stubai-Einspannvorrichtung:
Ebenfalls bewährt hat sich die sehr schnell aufgebaute und robuste
Einspannvorrichtung der Firma Stubai.
Das Werkstück wird hier von unten mit handelsüblichen "Spax-Schrauben" auf
der Aufnahmeplatte festgeschraubt.

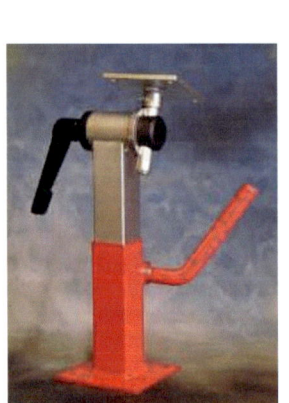
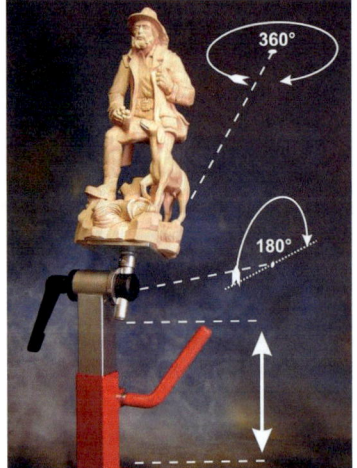
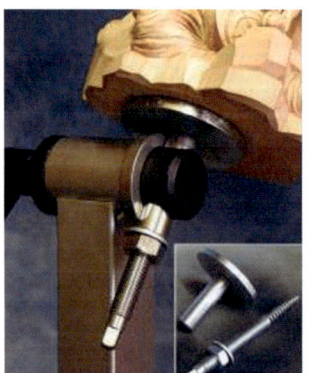

360°

180°

Mit einem speziellen Figurenschraubenaufsatz *(siehe rechtes Bild)* kann hier
ebenfalls eine Figurenschraube verwendet werden.

Die Figurenschraube:
Die bisher bewährteste Methode, Figuren sicher einzuspannen, ist die Verwendung einer Figurenschraube in Verbindung mit einer vorher schon erwähnten Einspannvorrichtung.

Nachfolgend möchte ich Ihnen nun das richtige Einspannen eines Schnitzrohlings mit Hilfe einer Figurenschraube aufzeigen:

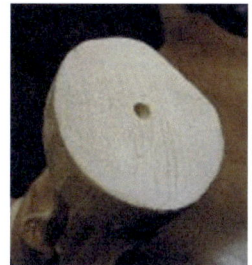

1. Nehmen Sie die Unterseite Ihrer Figur und bohren Sie in den Sockel ein Loch vor. *Achten Sie darauf, das Bohrloch Ihrer Figurenschraube anzupassen! Um eventuelle Rissbildungen beim Eindrehen zu vermeiden sollte es deshalb nicht zu eng werden. Sie sollten das Bohrloch jedoch auch nicht zu breit ausbohren, damit das Gewinde der Schraube noch genügend "Griff" hat.*

2. Drehen Sie nun das Holzgewinde Ihrer Figurenschraube so weit als möglich in das Bohrloch ein. Achten Sie darauf, dass Sie beim Eindrehen genügend Druck ausüben, damit das Gewinde auch schön in das Holz "eingreift". *Kontrollieren Sie danach, dass sich die Schraube nicht wieder herausziehen lässt.*

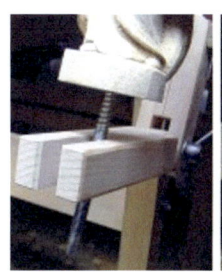 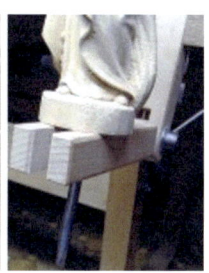

3. Schieben Sie nun den Rohling mit der fest eingedrehten Schraube durch die Aussparung in Ihrem Holzwinkel bzw. Ihrer verwendeten Einspannvorrichtung.

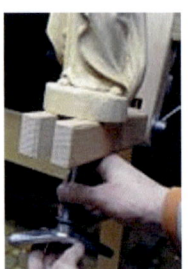

4. Drehen Sie die Flügelmutter auf die Schraube und ziehen diese fest an!
Nun sollte der Rohling bestens arretiert sein.
Zum Drehen der Figur lockern Sie einfach die Flügelmutter, drehen den Schnitzrohling in die gewünschte Position und ziehen die Mutter wieder fest an.

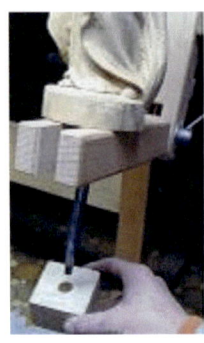

5. Sollte das Schraubengewinde für die Flügelmutter zu kurz sein bzw. das Holzgewinde zu lang, so dass Sie Ihr Werkstück nicht festziehen können, empfehle ich Ihnen einfach einen Holzklotz mit entsprechender Ausbohrung dazwischen zu schieben (siehe linkes Bild).
Dieser Distanzklotz ermöglicht Ihnen somit das einwandfreie Festziehen Ihrer Figur.

Fertig!
Sollte sich die Figurenschraube nicht fest genug in den Rohling eindrehen lassen, haben Sie entweder das Bohrloch zu breit oder nicht tief genug ausgebohrt.

Achten Sie darauf, dass die Auswahl der Schraubengröße immer auch dem Verhältnis des Werkstücks angepasst ist. Eine kleine, kurze Figurenschraube wird niemals eine größere Figur festhalten können.
Ebenfalls würden Sie mit einer großen, langen Figurenschraube kleinere Figuren nur zerstören.

Bei dünnen, flachen Werkstücken lässt sich keine Figurenschraube anbringen. In dieser Situation befestigen Sie den Rohling am besten mit handelsüblichen Holzschrauben von unten an einem Brett. Dieses Brett befestigen Sie dann ganz einfach mit Schraubzwingen an Ihrem Arbeitsplatz.

Weitere Vorrichtungen:
Hier noch einige, meines Erachtens ebenso gelungene, vorteilhafte
Einspannsysteme.

WiVaMac Einspannvorrichtung

Koch - Kugelgelenk

Schnitzaufsatz (aus Holz)

PreCarv Vario (Spannsystem)

5. Schnitzwerkzeug

Nun haben Sie eine richtige Einspannvorrichtung für Ihre Schnitzrohlinge.
Kommen wir jetzt zum zweitwichtigsten Material für den Schnitzer, das
Schnitzmesser.

Kaufen Sie sich unbedingt nur Markenschnitzmesser!

Lassen Sie sich hier nicht von billigen Angeboten, beispielsweise aus Baumärkten, verführen. Mit solch „Spielzeug" können Sie keine akzeptablen Schnitzergebnisse erzielen.

Diese Billigangebote haben einen sehr weichen, meist ungehärteten Stahl, der sich nicht ausreichend schärfen lässt. Denn eine "rasiermesserscharfe" Schneide ist das Unerlässlichste beim Schnitzen.

Bei einem guten Schnitzeisen bewegt man sich in Preisklassen zwischen 10,- und 30,- Euro pro Stück.

Ja..., auch Schnitzen gehört leider zu den teuren Hobbys.

Es würde mir auch sehr gut gefallen, wenn ich Ihnen hier erzählen könnte, dass es auch günstige Schnitzeisen in guter Qualität gibt. Bisher ist mir so was allerdings noch nicht untergekommen.

Die einzige Sparmöglichkeit wäre, wenn Sie versuchen bereits gebrauchte Markenschnitzwerkzeuge *(siehe unten)* aufzutreiben. Hier ist das große Internet-Auktionshaus **„ eBay "** immer eine gute Adresse.

Hier nun eine Liste der bekanntesten Qualitäts-Schnitzwerkzeuge.

Alle diese erwähnten Marken finden Sie in den unterschiedlichsten Schnitzerbedarfgeschäften *(siehe Adressen am Ende dieses Buches)*:

Marke:	*Internetadresse:*	*Hersteller-Land*
Stubai	http://www.stubai.com/	Österreich
Pfeil *(F.Zulauf AG)*	http://www.pfeiltools.com/	Schweiz
Kirschen *(Wilh. Schmitt & Comp)*	http://www.kirschen.de/	Deutschland
Dastra *(David Strassman & Co.)*	http://www.dastra.net/	Deutschland
MHG *(Messerschmidt)*	http://www.mhg-tools.de/	Deutschland
Henry Taylor	http://www.henrytaylortools.co.uk	England
Ashley Iles	http://www.ashleyiles.turningtools.co.uk	England
Robert Sorby	http://www.robert-sorby.co.uk	England

Eine kleine persönliche Anmerkung hierzu möchte ich mir noch erlauben:

Die englischen Schnitzeisen kosten, gegenüber den anderen oben genannten Herstellern, meist schon das Doppelte!

Meiner Meinung nach ist dieser hohe Preis nicht gerechtfertigt. Solche Werkzeuge wird sich nur ein „Fanatiker" leisten.

Sehr viele Schnitzer schwärmen nur für eine bestimmte Marke und behaupten, das eine Eisen sei viel standfester als das Andere. Generell kann man jedoch sagen, dass diese Meinung nur von Sympathiewerten beeinflusst wird.

Alle hier erwähnten Marken bieten bestmögliche Stahlqualität.
Die Herstellerangaben zum Härtegrad sind reine „Theorie". In der Praxis
werden Sie diese feinen Unterschiede kaum bemerken.
Die Standfestigkeit wird in erster Linie vom Anschleifwinkel beeinflusst.
Möchten Sie selbst also verschiedene Marken miteinander vergleichen, müssen
Sie sicherstellen, dass die angeschliffenen Schneiden bei den jeweiligen
Marken zu 100% den gleichen Winkel haben. Denn nur unter dieser
Voraussetzung ist ein korrekter Vergleich möglich.

Schnitzwerkzeug-Formen / Stiche

Den Stichabdruck, den das Werkzeug nach einem senkrechten Einstich im
Holz hinterlässt, bezeichnet man als Stichbild.
Die Stichbilder sind herstellerabhängig, jedoch von allen ähnlich nummeriert:

Stich 1 (2) → Balleisen → gerade, oft beidseitig angeschliffen.

Stich (2), 3, 4, 5 → Flacheisen → schwach gehöhlt.

(je höher die Stich-Nummer, umso stärker die Höhlung)

Stich 6, 7, 8 → Hohleisen → stark gehöhlte Schneidenform.

(je höher die Stich-Nummer, umso stärker die Höhlung)

Stich 9, 10, 11 → Bohrer → halbrund gehöhlte Schneidenform.

(je höher die Stich-Nummer, umso stärker die Höhlung)

Stiche ab 12 → Geißfüße → V-förmige Schneidenform.

Auch die Werkzeugklinge selbst ist in verschiedenen Formen erhältlich. Die vorher aufgezeigten Stichbilder gibt es alle in der normalen, geraden Klingenform:

gerade Klinge

Herstellerabhängig gibt es die meisten Stichbilder auch in gebogener und gekröpfter Klingenform.
Diese benötigt man hauptsächlich für schwer zugängliche Schnitzbereiche:

gebogene Klinge

gekröpfte Klinge

Für einfache Schnitz- und Kerbschnitzarbeiten gibt es noch das sogenannte „Rosenmesser" bzw. „Kerbschnitzmesser". Dies gehört in jedem Fall zur Grundausstattung eines Hobbyschnitzers, da es in vielen Bereichen sehr gut einsetzbar ist:

Weitere Klingenformen, wie beispielsweise verkehrt gekröpfte Eisen, Kastenmesser, ... usw. sind nur für Diejenigen, die unbedingt meinen es kaufen zu müssen. Wirklich notwendig sind solche Spezial-Formen definitiv nicht!

Kommen wir nun zu den benötigten Schnitzmesserformen.

Generell kann ich Ihnen keine Allround-Eisen empfehlen, mit denen Sie ganze Figuren fertig stellen könnten.

Viele Anfänger haben die Vorstellung, man kauft sich 3 bis 4 Schnitzeisen und kann dann komplette Werke vollbringen. Hier muss ich Sie leider enttäuschen. Welche Stichbilder in welcher Breite Sie benötigen, hängt einzig und allein von Ihrem Schnitzvorhaben ab.

Jedes Motiv erfordert eine Vielzahl verschiedener Werkzeuge. Beispielsweise können Sie Schnitzmesser, mit denen Sie eine einfache Schale geschnitzt haben, nicht zwangsläufig auch an einer Figur mit vielen Falten und Feinheiten verwenden.

Auch die Schnitztechnik, die Sie erlernen bzw. mit der Zeit anwenden, ist entscheidend für die Eisenauswahl. Es gibt Schnitzer die sehr vieles an einer Figur mit möglichst großen Eisen bearbeiten. Andere wiederum schnitzen mit vielen feineren Werkzeugen.

Ihnen hier Vorschriften zu machen möchte ich unterlassen. Versuchen Sie sich langsam mit nur wenigen Schnitzeisen an Ihre Schnitzwerkzeugauswahl heranzutasten. Beginnen Sie in Ruhe mit Ihrem Schnitzvorhaben. Sobald Sie an eine Stelle gelangen, wo Ihres Erachtens ein anderes Werkzeug vorteilhafter wäre, dann kaufen Sie sich dieses Schnitzeisen nach. Das schont den Geldbeutel und fördert zugleich Ihre Kreativität beim Einsatz Ihrer Werkzeuge. Generell sollten Sie beachten: **Je größer die zu bearbeitende Fläche, umso breiter sollte auch das Werkzeug sein**.

Anfängersätze, wie Sie von verschiedenen Herstellern angeboten werden, beinhalten grundsätzlich schon die wichtigsten Stichbilder. Allerdings besteht anfänglich dabei immer die Gefahr, dass Eisen enthalten sind, die Sie vorerst nicht benötigen, oder umgekehrt. Ein Anfängersatz muss daher als „Notlösung" betrachtet werden.

Speziell angebotene Schnitzeisensätze für Gesichter oder Hände sind reine Geldmacherei. Jedes Gesicht wird in den unterschiedlichsten Größen auch andere Schnitzmesserformen benötigen. Wenn Sie beispielsweise das Gesicht eines Motivs in zwei verschiedenen Größen schnitzen wollen, benötigen Sie hier meist auch andere Werkzeugformen.

Es mag sein, dass zwei bis drei Messer bei allen Gesichtern anwendbar sind, jedoch hier gleich einen ganzen Satz zu kaufen wäre Unsinn.

Idealerweise sollten Sie einen Schnitzkurs belegen, indem Sie vorab mit Ihrem Lehrer abklären, welche Schnitzwerkzeuge im Kurs benötigt werden.

6. Schnitzwerkzeug schärfen

Das beste und teuerste Schnitzmesser wird Ihnen jedoch nichts helfen, wenn
Sie dies nicht selbst schärfen können.
Anders als beispielsweise bei Küchenmessern, verliert ein Schnitzeisen meist
schon nach kurzen Anwendungen an Schärfe!
Bevor Sie also zu schnitzen beginnen, sollten Sie unbedingt das Schleifen Ihrer
Messer üben oder am besten in Kursen erlernen.

Schnitzwerkzeuge sind viel spitziger angeschliffen als etwa Stechbeitel von
Tischlereien.
Wenn Sie beispielsweise in ein Stirnholz *(Stirnseiten eines Holzstückes)*
schneiden, muss der Schnitt eine „speckig" glänzende, glatte Oberfläche haben.
Ist dieser aber rauer und weißlich schimmernd, ist die Schneide zu stumpf.
Je spitzer ein Werkzeug angeschärft wurde, umso kurzlebiger ist allerdings
seine Standfestigkeit. Ständiges Abziehen und Nachschärfen gehört somit zum
täglichen Alltag eines Schnitzers.
Vernachlässigen Sie dies, werden auch Ihre Schnitzmotive nicht so schön
gelingen.

Wie im Kapitel „Holz" schon einmal erwähnt, werden Sie so auch Probleme
mit besonders weichen oder harten Hölzern bekommen. Auch der
Kraftaufwand bei stumpferen Eisen ist erheblich größer.
Wenn Sie nach dem Schärfen Ihres Schnitzmessers, beispielsweise Ihre Haare
am Unterarm wegrasieren könnten, ist die Schneide perfekt gelungen. Daher
kommt auch der Ausdruck „rasiermesserscharf".

Zum richtigen Schärfen Ihrer Schnitzwerkzeuge gibt es mittlerweile sehr viele
verschiedene Möglichkeiten. Hier spalten sich jedoch die Gemüter:

Vor vielen Jahrzehnten, als sich keiner Schleifmaschinen leisten konnte bzw.
es diese noch nicht gab, wurden Werkzeuge immer mit sogenannten
Schärfsteinen, Arkansassteinen, belgischen Brocken sowie mit Lederriemen
geschärft und abgezogen *(siehe nächste Seite)*.
Diese Schärfart wird heutzutage als „Kaltschleifen" bezeichnet.

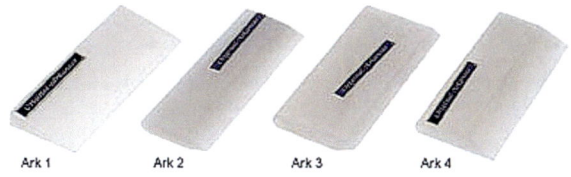

verschiedene Arkansassteine

belgische Brocken

Schärfstein

Schleiföl

Diese Methode ist aus heutiger Sicht zwar sehr materialschonend, jedoch wird die Schneide nicht annähernd so scharf wie es moderne Schleifmaschinen ermöglichen.
Umso verwirrter bin ich immer wieder, wenn ich sehe, wie viele Schnitzer, Holzbildhauer und andere Handwerker noch mit solch altertümlichen und in erster Linie sehr zeitaufwendigen Methoden schärfen.

Ich persönlich werde in diesem Buch nicht mehr auf dieses Thema eingehen. Wer sich mit einem schlechten Schärfergebnis und dem dabei zusätzlich hinzukommenden Zeitverlust zufrieden gibt, entscheidet sich eindeutig für den falschen Weg.

6.2 Schleifmaschinen

Nachfolgend werde ich Ihnen nun die zeitgemäßen Methoden des Schärfens, anhand der bekanntesten Schleifmaschinen, mit all ihren mir bekannten Vor- und Nachteilen aufzeigen:

Naßschleifmaschine

Bei den Naßschleifmaschinen schärft man seine Werkzeuge auf einem langsam drehenden Schärfstein mit einer meist 220er Körnung. Diese Steinscheibe dreht sich in einem Wasserbad, was eine ausreichende Kühlung gewährleistet.
Das Abziehen und Polieren der Werkzeuge wird hier mit einer Lederscheibe bewerkstelligt.

Scheppach Naßschleifer   Tormek Naßschleifer

Vorteile:

- Durch die ständige Kühlung beim Schleifen kann man das Eisen kaum erhitzen. Dies schont den teuren Schnitzwerkzeugstahl.
- Durch das 220er Korn des Schleifsteines wird der Anschliff sehr fein, was das nachträgliche Abziehen mit der Lederscheibe vereinfacht und beschleunigt.
- Durch die verschiedensten Einspannhilfen, die es als Zubehör zu kaufen gibt, wird das Schleifen besonders für Anfänger sehr erleichtert.

Nachteile:

- Um leichte Beschädigungen der Schnitzeisen (z.B. Kerben) zu beseitigen oder den kompletten Messerrücken neu aufzubauen, benötigt man durch das langsame Drehen und der feinen Körnung sehr viel Zeit. An grobe Beschädigungen möchte ich da gar nicht denken.
- Nicht immer schafft man, durch das einseitige Abziehen der Eisen, den entstandenen Schleifgrat schnell zu entfernen. Nun mit der flachen Lederscheibe auf die Innenseite eines Hohleisens oder eines Geißfußes zu gelangen, ist kaum möglich. Hier muss man dann zusätzlich profilierte Lederscheiben dazukaufen.
- Sollte man sich auch noch ein paar empfehlenswerte Einspannhilfen zukaufen, muss man insgesamt schon fast ein Vermögen für solch Maschinentypen ausgeben.

Bandschleifmaschine

Bei einer Bandschleifmaschine schärft man das Schnitzwerkzeug auf einem Schleifband, die in verschiedenen Körnungen angeboten werden.

Bei den „Baumarkt-Ausführungen" ist meist zusätzlich ein grober Schleifstein auf der gegenüberliegenden Seite montiert. Mit diesem könnte man auch gröbere Reparaturen erledigen.

Handelsüblicher Bandschleifer   Koch Schleifaggregat

Vorteile:
- Durch die ebene Schleiffläche kann kaum ein Hohlschliff entstehen. *(Hierzu werde ich mich später noch äußern)*
- Die Schleifbänder gibt es in unzähligen Körnungsvarianten, wohingegen Korundsteine nur in wenigen Varianten angeboten werden.
- Diese Bänder haben einen sehr schnellen Materialabtrag und erzeugen dabei trotzdem einen feinen, hochwertigen Anschliff.

Nachteile:
- Aufgrund der nur dünnen Kornschicht auf dem Band ist die volle Schleifleistung bereits nach wenigen Anwendungen verschwunden. Der Verschleiß an Schleifbändern ist somit leider sehr hoch.
- Beim Schleifen ist gefühlvolles arbeiten notwendig um das Eisen nicht zu stark zu erhitzen (verglühen).
- Zum Abziehen benötigt man leider noch eine zusätzliche Maschine.

Sichtschleifmaschine

Bei der relativ „exotischen" Sichtschleifmaschine können Sie während des Schärfens, durch die Diamantschleifscheibe hindurch, auf Ihr Schnitzeisen sehen. Man sieht genau wo und wie viel die Schleifscheibe abträgt.

Kaindl Sichtschleifmaschine

Blick während des Schärfens

Vorteile:
- Verkaufsargument der Hersteller: Sie sehen genau wo und wie viel die Schleifscheibe abträgt.
- Der hochwertige Diamantbelag der Schleifscheibe sorgt für lange Haltbarkeit sowie ein feines Schliffbild.

Nachteile:
- Sie benötigen auch hier wieder eine extra Maschine zum Abziehen Ihrer Schnitzwerkzeuge.
- Die Diamantscheibe erfordert vorsichtiges Schleifen um das Eisen nicht zu stark zu erhitzen (verglühen).
- Die ungewohnte Schleifhaltung, die für das Abziehen danach immer verändert werden muss, erfordert Eingewöhnungszeit.
- Sollten Sie nach langer Zeit eine neue Diamantscheibe benötigen, würden Sie zum Nachkaufpreis fast einen neuen Doppelschleifer bekommen.
- Der sehr hohe Anschaffungspreis der Maschine.

Koch Schärfsystem

Dieses Schärfsystem besteht aus einem langsam laufenden Motor, auf dessen Wellen 2 gröbere sowie 2 feinere Filzscheiben montiert sind. Mit diesen können Sie Ihre Schnitzeisen nachschärfen.

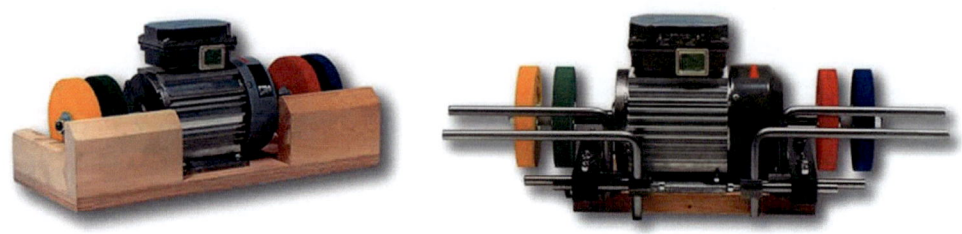

Koch „Basic"   Koch „Professional"

Vorteile:
- Verkaufsargument des Herstellers: Sie können Ihre Eisen völlig gratlos nachschärfen.
- Die angebauten Winkelführungen vereinfachen das Nachschärfen.
- Kaum ein verglühen, also eine zu starke Erhitzung, der Eisen möglich.
- Ein passender Lehrfilm sowie gratis Lernstunden bei „Vor-Ort-Kauf" ermöglichen einen einfachen Einstieg.

Nachteile:
- Nur zum Nachschärfen ideal geeignet. Aber um beispielsweise Beschädigungen zu beseitigen, erfordert es eine zusätzliche Schärfmaschine, da diese Methode viel zu Zeitaufwendig dafür wäre. Der Hersteller empfiehlt das vorher schon erwähnte Koch-Schleifaggregat (Bandschleifer).
- Der immens hohe Preis des kompletten Systems.

Doppelschleifmaschine

Dies ist die bekannteste und preisgünstigste Art Schnitzwerkzeuge zu schärfen. Auf der einen Seite befindet sich meist ein Schleifstein mit 60er, idealerweise mit 80er Körnung. An diesem schärfen Sie Ihr Werkzeug und polieren es danach auf der anderen Seite mit einer entsprechenden „Abziehscheibe".

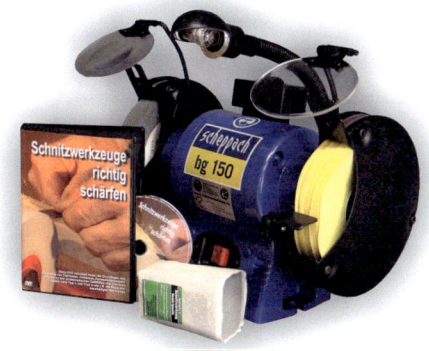
Spangler´s Hobby-Schleifer

Dreifach-Schleifer

Vorteile:
- Der überaus günstige Preis.
- Schon mit einer einzigen Maschine hat man alles Wichtige was benötigt wird. Ein Schleifstein zum Schärfen und idealerweise eine Schwabbelscheibe zum Abziehen und Polieren.
- Durch verwenden von **zwei** Maschinen könnte man sich perfekt einrichten: Einen groben sowie einen feinen Schleifstein. Eine Feinschleifscheibe und eine Schwabbelscheibe.
  Filz,- Gummi- oder Lederscheiben wären selbstverständlich auch montierbar.
- Die Flexibilität! Denn jederzeit kann man die Scheiben auf neue Techniken/Materialien wechseln und ist somit auch nicht an bestimmte Hersteller oder Händler gebunden.

Nachteile:
- Fehlende Auflagevorrichtungen erfordern den Zukauf dieser oder das Basteln einer eigenen Lösung.
- Auch hier erfordert es ein vorsichtiges Schleifen, um das Eisen nicht zu stark zu erhitzen (verglühen).

Für Doppelschleifmaschinen ist auch eine passende Auflagevorrichtung, wie man Sie beispielsweise vom Tormek und Kochsystem kennt, im Handel erhältlich.

Diese Mehrausgabe ermöglicht besonders Anfängern nun auch bei Doppelschleifern ein vereinfachtes und exaktes Schärfen.

Auch alle Tormek-Einspannhilfen können darauf verwendet werden:

Hegner Schärfsystem HS200

Für welche Schleifmaschine Sie sich letztendlich entscheiden, ist ganz Ihren Vorlieben und Ihren finanziellen Vorstellungen überlassen.

Egal für welches System Sie sich entscheiden werden: Sofern Sie alles korrekt anwenden, wird das Schärfergebnis mit keiner der genannten Maschinen schlechter oder besser.

Eine „Wundermaschine" ist leider keine einzige!!

Wenn Sie eine Schneide nicht scharf bekommen, liegt es in den meisten Fällen nur an Ihnen selbst. Nicht jedoch am Schleifgerät.

Denn die Schärfe Ihres Messers hängt nicht von der Maschine ab, sondern von Ihrem Können bzw. Ihrer Erfahrung!

6.3 Meine persönliche Meinung

→ <u>Ich</u> habe mich unter Berücksichtigung mehrerer Punkte für die **Doppelschleifer** entschieden. Zum einen ist es mit Abstand die preisgünstigste Lösung und zum anderen zugleich die flexibelste Methode. Es gibt keine Schärf-Situation bei der ich mit diesem System benachteiligt wäre.

→ Bei den **Naßschleifern** hat mich die längere Schleifzeit, sowie die Lederabziehscheibe nicht überzeugt. Die vorteilhaften Schärfhilfen von Tormek, sind dank der Schärfauflage (Seite 32) auch auf Doppelschleifern anwendbar.

→ Die **Bandschleifer** sollten, schroff gesagt, für das verwendet werden wofür sie ursprünglich erfunden wurden: *Das Bearbeiten von Holzstücken.*
Die dünnen Schleifbänder sind eben nicht dafür gemacht ständig harten Stahl zu bearbeiten und verschleißen dabei enorm schnell.

→ Den **Sichtschleifer** gibt es bereits viele Jahrzehnte. Trotzdem konnte er sich bis heute nicht durchsetzen. Der hohe Preis und fehlende Abziehmöglichkeiten sind sicherlich die Gründe.
Durch die spezielle Schärfhaltung der Werkzeuge wird diese Schärfmethode immer etwas Ungewöhnliches bleiben.

→ Das **Koch-Schärfsystem** ist grundsätzlich gut durchdacht. Allerdings weiß ich durch die Erfahrungen meiner Kunden, dass bei vielen das angepriesene, gratlose Schleifen nicht immer funktioniert. Sicherlich meist durch deren Anwendungsfehler, jedoch sollte eine Schleifmaschine so wenig Hürden wie möglich haben.
Beim kompletten Schärfsystem (2 Maschinen) muss man 1100 bis 1300 Euro ausgeben. Meiner Meinung nach absolut **nicht** gerechtfertigt.
<u>Zum Vergleich:</u>
Bei den Profi-Doppelschleifern (auch 2 Maschinen) mit bester Ausstattung gibt man höchstens 350 Euro aus.

6.4 Meine verwendeten Materialien

Auf den nachfolgenden Seiten möchte ich Ihnen noch die von mir, auf dem Doppelschleifer, angewandten Schärfmaterialien vorstellen und näher erklären:

 **Grobe Spezialscheibe mit extra porösem Korn 46:**

Verwendung:
Eine grobe Schleifscheibe verwendet man um stark beschädigten Eisen einen
neuen "Anschliff " zu verpassen oder um Formkorrekturen vorzunehmen. Auch
bei neu gekauften, stumpfen Schnitzeisen, empfiehlt sich solch ein Anschliff.
(siehe Beispielbilder unten).
*Als "Anschliff" wird die grobe Vorgabe des Schneidenwinkels am
Messerrücken bezeichnet.*

Vorteile:
Da bei Messerreparaturen sowie bei neuen, stumpfen Schnitzmessern, viel
Stahl weggenommen werden muss, empfiehlt sich unbedingt solch eine grobe
Scheibe.
Diese trägt sehr schnell viel Stahl ab und erspart somit kostbare Zeit.
Mit einer feinen Schleifscheibe würde man für diesen Vorgang etwas länger
benötigen und müsste nebenbei noch sehr achtsam sein, damit das Eisen nicht
ausglüht.
*Durch das Schleifen wird der Stahl sehr heiß und sollte durch tauchen in ein
Wasser ab und an mal gekühlt werden.*
Vermeiden Sie unbedingt, dass sich das Eisen durch die Hitze schwarz-bläulich
verfärbt. In diesem Fall zerstören Sie die Härte des Stahls der dann keine
"Standfestigkeit" mehr aufweist. Dies nennt man "ausglühen"!

Vorher   Nachher

 **Feine Schleifscheibe mit Korn 80:**

Verwendung:
Eine feine Schleifscheibe kommt unter anderem nach dem vorher genannten Vorschliff zum Einsatz (siehe Beispielbilder unten). Hauptsächlich jedoch um leichte Beschädigungen wie z.B. Kerben herauszuschleifen. Selbstverständlich auch um rundgewordene Schneiden nachzuschärfen.
Für das Nachschärfen von rundgewordenen Schneiden wäre jedoch eine elastische Feinschleifscheibe besser geeignet (siehe Seite 37), da diese erheblich weniger Material abträgt.

Vorteile:
Durch das feine Korn wird der Schliff hier bereits sehr hochwertig und bietet somit die beste Grundlage für den letzten wichtigen Schritt: "Das Abziehen mit der Schwabbelscheibe".
Je feiner dieser Anschliff, umso schneller erreicht man ein perfektes Ergebnis bei der Schwabbelscheibe.

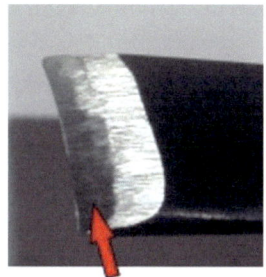

Vorher   Nachher

Abziehscheibe / Schwabbelscheibe / Polierscheibe:

Verwendung:
Mit der Schwabbelscheibe "entgraten" Sie das Messer und verpassen ihm in
Verbindung mit einer Polierpaste zugleich den letzten, wichtigen Schliff. Die
Schneide wirkt am Ende wie hochglanzpoliert. (siehe Bilder auf der nächsten Seite)
Je feiner die Schleifscheibe des vorangegangenen Schärfens, umso glatter und
spiegelnder wird die Oberfläche.
*Beim Anschärfen mit den Schleifscheiben entsteht an der Schneidenspitze ein
dünner Draht (Grat). Dieser wird beim Abziehvorgang durch mehrmaliges,
beidseitiges Andrücken des Eisens weggebrochen. Diesen Vorgang nennt man
"entgraten".*
Verliert das Eisen nach kurzen Schnitzanwendungen an Schärfe, so poliert man
es auf dieser Scheibe einfach nochmals kurz nach. Dieses Nachpolieren kann
mehrmals wiederholt werden.

Auch die meisten Figurenhersteller aus Südtirol, sowie langjährige
Profischnitzer, benutzen zum Abziehen immer Schwabbelscheiben.

Die Polierscheibe ist **nur** in Verbindung mit einer Schleifpaste *(Siehe Seite 38)*
wirkungsvoll. Denn nur diese liefert das entsprechende hochfeine
Poliermaterial – die Scheibe selbst ist nur der „Träger".

Vorteile:
Ein Ausglühen Ihrer Schnitzeisen ist beim Schwabbeln unmöglich!
Abziehscheiben aus Filz, Leder oder Gummi hätten einen entscheidenden
Nachteil: Um beispielsweise auch die Innenseite von Hohleisen und Gaißfüßen
abzuziehen, würde man bei solch Scheiben verschiedene Profilierungen
benötigen.
Beim Abziehen mit Schwabbelscheiben hingegen benötigt man nur eine
einzige Scheibe, da sich diese automatisch **jeder** Eisenform anpasst.

Vorher   Nachher

 **Elastische Feinschleifscheibe** *(ist keine Gummischeibe):*

Verwendung:

Schnitzmesser verlieren meist schon nach kurzen Anwendungen ihre hochwertige Schärfe. Indem man das Eisen nochmals kurz mit der vorher genannten Schwabbelscheibe nachpoliert, ist diese wieder hergestellt. Diesen Vorgang kann man mehrmals wiederholen.

Jedoch wird das Eisen dadurch mit der Zeit an der Schneidenspitze etwas "runder" und somit stumpfer.

Hier kommt dann eine elastische Feinschleifscheibe zum Einsatz. Mit dieser schärft man das Schnitzmesser nach und erhält somit wieder eine kantige, rasiermesserscharfe Schneide.

Ein Diamant-Schleifstaub ist hier in eine gummiartige (elastische) Masse eingegossen. Dies ermöglicht einen sehr geringen Materialabtrag.

Eine Elastikscheibe ist jedoch nicht mit einer reinen Gummischeibe vergleichbar. Gummischeiben sind reine Abziehscheiben. Die Feinschleifscheibe hingegen ist, wie der Name schon sagt, für das Schleifen zuständig. Ein darauffolgendes Abziehen ist hier zusätzlich von Nöten.

-- weiter auf der nächsten Seite --

Vorteile:

Durch diesen feinen Materialabtrag wird die Lebensdauer Ihrer teueren Schnitzmesser um ein vielfaches verlängert.

Wenn Sie hier beispielsweise mit einer „harten" Schleifscheibe nachschärfen, würden Sie mehr Stahl abtragen als eigentlich nötig ist. Ihre Messer wären um ein vielfaches schneller "verbraucht" als mit dieser elastischen Methode.

Der Anschaffungspreis solcher Scheiben ist leider sehr hoch. Wenn man jedoch berücksichtigt, dass alle Ihre teueren Qualitätseisen um ein vielfaches langsamer verschleißen, rechnet sich solch eine Anschaffung durchaus.

 **Schleifpasten / Polierpasten:**

Diese sind für den erfolgreichen Betrieb von Schwabbel,- Filz- und auch Lederscheiben unbedingt notwendig. Schließlich liefern solche Schleifpasten das entsprechende, wichtige Poliermaterial. Ohne Schärfpaste haben Sie selbst mit der besten Abziehscheibe keinen Erfolg.

Durch kurzen Andruck auf die sich drehende Abziehscheibe wird eine dünne Schicht des Schleifmaterials auf die Abziehfläche aufgetragen.

Durch das nachfolgende Aufdrücken des Werkzeuges auf die Abziehfläche, wird ein Gleit- und Kühlmittel aktiviert. Dies verhindert ein zu starkes erhitzen des Schnitzmessers. Ein Verglühen wird somit unmöglich!

Das in der Paste mit eingegossene Schleifkorn bewirkt eine ***gratlose und rasiermesserscharfe Schneide***.

Ihr Schnitzmesser wirkt am Ende wie hochglanzpoliert.

Welche Paste Sie letztendlich verwenden ist ganz Ihren Vorstellungen überlassen. Tatsächlich ist hier sehr viel Einbildung mit dabei.

Die Unterschiede der verschiedenen Pasten sind meist so gering, dass ein normaler Hobbyanwender diese kaum feststellen wird.

Generell sind fettigere Pasten jedoch eindeutig die bessere Wahl, da diese schneller an den jeweiligen Abziehscheiben haften bleiben.

Das Schärfen Ihrer Eisen ist **der Grundstein** zum erfolgreichen Schnitzen!
Wer es nicht beherrscht, Schnitzmesser "rasierklingenscharf" zu schleifen,
wird auf Dauer keinen Erfolg in diesem Hobby erzielen.

6.5 Wichtige Regeln zum Schärfen

- Schärfen Sie Ihre Eisen nur in Räumen in denen es auch schmutzig
  werden darf. Beim Schleifen und vor allem beim Verwenden von
  Schleifpasten entsteht leider sehr viel Schleifstaub, der trotz
  Spritzschutzvorrichtungen, um Sie herum verbreitet wird.

- Je mehr Stahl am Eisen weggeschliffen werden muss, umso gröber
  sollte die Schleifscheibe sein. Denn je gröber das Korn, umso weniger
  verbrennt bzw. glüht Ihr Eisen aus.

- Beim Schleifen mit den festen Schleifsteinen sollte immer ein kleines
  Gefäß, mit Wasser gefüllt, neben dem Schleifgerät stehen.
  Hier kann man zur Not das Schnitzmesser immer wieder abkühlen um
  dem Ausglühen vorzubeugen.

- Eine elastische Feinschleifscheibe erhitzt Ihr Werkzeug sehr schnell.
  Achten Sie unbedingt darauf, dass Sie hier Ihr Schnitzmesser nur ganz
  leicht und kurz mit wenig Druck nachschärfen.
  Anders als bei den festen Schleifsteinen darf hier kein Wasser zur
  Kühlung verwendet werden.

- Ihre Schnitzmesser dürfen beim Abziehen mit einer Schwabbel,- Filz,-
  Leder- oder Gummischeibe sowie mit einer elastischen
  Feinschleifscheibe in keinem Fall gegen die Laufrichtung der Maschine
  geführt werden. Hier kann es sonst zu sehr schweren Verletzungen
  kommen.
  Die Drehrichtung Ihrer Schleifmaschine muss demnach also nach
  hinten weg und **nicht** zum Körper laufen.
  Bei harten Steinschleifscheiben ist die Drehrichtung hingegen egal.

o Die zu schärfende Schneide Ihres Schnitzeisens, beim Abziehen mit einer Schwabbelscheibe, immer so flach wie möglich aufdrücken. Je steiler Sie andrücken, umso schneller wird die Schneide "rund" und somit stumpf.

o Bei Verwendung einer Schwabbelscheibe auf einem Doppelschleifer ist darauf zu achten, dass dieser zwischen 2500 und 3000 U/min. aufweist. Je schneller dieser dreht, umso besser! Auch sollte dieser, bei kleinen Scheiben bis Ø 150mm, mindestens 250 Watt stark sein. Bei größeren Scheiben mindestens 300 Watt.

o Arbeiten Sie beim Schärfen Ihrer Werkzeuge nie ohne Schutzbrille!

o Wenn möglich benutzen Sie beim Schärfen der Eisen auch einen Atemschutz, um den Schleifstaub nicht einzuatmen.

o Schnitzmesser mit kleinen Stichen von 0,5mm bis 2mm sind sehr schwer zu schärfen, da man hier kaum sieht wie man im Augenblick schleift. In diesem Fall empfehle ich Ihnen eine Kopfbandlupe. Mit dieser sehen Sie um ein vielfaches vergrößert und haben trotzdem beide Hände frei.

o Entfernen Sie nach dem Schärfen die Polierpastenrückstände an Ihrem Schnitzeisen mit einem Tuch, da Sie den Schmutz sonst auf Ihr Schnitzobjekt übertragen.

o Waschen Sie sich nach dem Schärfen immer auch gleich die Hände, um hier ebenfalls keine Schleifrückstände an das Holz abzugeben.

6.6 Pflege von Steinschleifscheiben

Beim Schärfen mit den Steinschleifscheiben entstehen mit der Zeit, durch ungleichmäßige Abnutzung, leichte Rillen und Unebenheiten auf der Steinoberfläche.

Nachfolgend habe ich Ihnen eine Anweisung zur richtigen Oberflächenabrichtung erstellt:

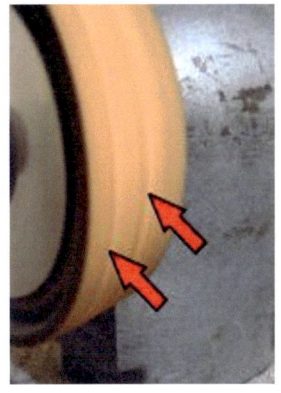

Wie vorher schon erwähnt, sind die im Beispielbild gezeigten Rillen bzw. Unebenheiten ganz normale Abnutzungserscheinungen.
Da diese das genaue Schärfen Ihrer Schnitzeisen erschweren, müssen solche Schleifsteine unbedingt wieder geglättet werden.

Je poröser bzw. aggressiver ein Schleifstein, umso schneller entstehen Abnutzungen.

1. Schalten Sie Ihre Schleifmaschine ein.
2. Nehmen Sie nun einen **Abrichtstein (Rutscherstein)** und drücken diesen kräftig, mit leichten Links- und Rechtsbewegungen, auf den drehenden Schleifstein auf.
→Versuchen Sie das Abtragen der Oberfläche so gleichmäßig wie möglich zu bewerkstelligen.

Halten Sie dabei den Abrichtstein extrem gut fest und benutzen Sie unbedingt eine Schutzbrille!

Nach diesem Abrichtvorgang haben Sie wieder eine „neuwertige" Schleifscheibe die **gesäubert**, **begradigt** und **nachgeschärft** wurde!

Auch wenn keine Abnutzungen zu sehen sind, sollte diese Vorgehensweise trotzdem regelmäßig ausgeführt werden. Denn Verschmutzungen der Schleifscheibenporen sowie abgestumpfte Korundpartikel werden somit "abgeschliffen".

6.7 Irrtümer und Falschaussagen

<u>Der Hohlschliff</u>
Insbesondere Verkäufer der ganz am Anfang erwähnten altertümlichen, händischen Kaltschleifmethode, lehnen Schärfmaschinen strikt ab, da diese einen Hohlschliff erzeugen.
Meist wird als Argument gegen den Hohlschliff angeführt, dass die Schneide zwar sehr scharf ist, aber auch sehr schnell abbaut. Da dadurch oft nachgeschliffen werden muss resultiert ein hoher Materialverbrauch. Des Weiteren sollen sich hohlgeschliffene Eisen leichter im Holz „festfressen."

Rein theoretisch betrachtet eine logische Folgerung.
Jedoch ist dieser feine Unterschied in der Praxis kaum spürbar bzw. bemerkbar.
Denn in Wirklichkeit ist die Fläche am Schnitzeisen, bei der man mit der Steinschleifscheibe schärft, so minimal klein, dass ein "Hohlschliff" wirklich nur unter einem Mikroskop zu erkennen wäre.
Die mir bekannten Zeichnungen, die einen Hohlschliff negativ erklären, werden immer sehr übertrieben unproportional dargestellt.
Es handelt sich hier nachgewiesen, gegenüber einem flachen Anschliff, wirklich nur um hundertstel Millimeter.
Einen eventuell schnelleren Verschleiß hat man daher eher mit einem falschen, zu spitzigen Anschleifwinkel, als mit einem Hohlschliff.
Ein „festfressen" wegen Holschliffen ist mir persönlich, und mit Sicherheit allen anderen Schnitzern, noch niemals passiert, oder?

<u>Der Anschleifwinkel</u>
Es gibt Menschen, die aus allem eine Wissenschaft machen müssen. Genauso ist es bei vielen anderen Lehrbüchern die sich mit dem Schärfen von Schnitzeisen befassen.
Dort werden mit sehr ingenieurhaften Aussagen ganz genaue Angaben gemacht, in welchem exakten Grad man ein Schnitzeisen anzuschärfen hat und sogar wie lange die Schneide (Fase) sein muss.
Jetzt mal ehrlich, ich kann mir nicht vorstellen, dass ein gesund denkender Mensch ein Schnitzmesser schärft, danach einen Winkelmesser nimmt und damit kontrolliert welchen Winkel er nun angeschliffen hat.
Ich denke, da kommt Ihnen jetzt doch schon langsam ein Schmunzeln ins Gesicht, oder?

Zu diesem Thema reicht Ihnen folgendes Wissen:

Je stumpfer Sie den Winkel der Schneide anschleifen, umso länger ist die Standfestigkeit. Allerdings ist das Schnittbild im Holz dann entsprechend „rauer" und der Kraftaufwand wird erheblich höher.

Je spitzer Sie das Schnitzwerkzeug schärfen, umso kurzlebiger ist die Schneide, jedoch umso schöner auch das Schnittbild. Zu spitze Anschleifwinkel haben zur Folge, dass schon beim ersten Schnitt in das Holz die Schneide einbricht.

Beim Schnitzen benötigen Sie, ganz schlicht und einfach gesagt, ein gesundes Mittelmaß. Wichtig ist, dass Ihr Schnittbild im Holz eine saubere, glänzende Oberfläche aufweist.

Der Schnitt selbst sollte fast „butterweich" in das Holz eindringen.

Für ein schönes Schnitzergebnis, mit minimalem Kraftaufwand, sollte man daher gerne in Kauf nehmen, dass ein Eisen dafür öfter abgezogen und bei Bedarf nachgeschärft werden muss.

Das Verglühen (Überhitzen)

Beschwörer von Naßschleifmaschinen beschimpfen das ungekühlte Schärfen mit Doppelschleifern und Bandschleifmaschinen. Denn durch die, beim Schärfen mit den Steinschleifscheiben, entstehende Hitze wird der Stahl in seiner Härte beschädigt.

Diese Aussage ist völlig korrekt und auch nichts dagegen einzuwenden.

Fakt ist aber, dass ein Schnitzwerkzeug erst an Härte verliert, wenn man es so stark erhitzt, dass es sich schwarz-bläulich verfärbt.

Sollte Ihnen so etwas durch einen Anwendungsfehler mal passieren, ist es auch kein Weltuntergang. Hier muss dann das Werkzeug so weit zurückgeschliffen werden, bis keine Verfärbungen mehr sichtbar sind.

In einem ausreichenden Abstand zur Verfärbung ist der Werkzeugstahl nämlich meist noch völlig in Ordnung.

Ärgern Sie sich bei so etwas nicht all zu sehr. Denn dem besten Schnitzer ist das mit Sicherheit auch schon einmal passiert. Geduld und ausreichende Kühlung ist nun mal das Wichtigste beim Schärfen mit Steinschleifscheiben.

Beachten Sie hierzu deshalb, wie im Kapitel 6.5 bereits erwähnt, dass Sie Ihre Schnitzwerkzeuge sehr vorsichtig schärfen und bei Bedarf kurz in ein Gefäß, gefüllt mit Wasser, tauchen.

Schnelleres stumpf werden einer Schneide durch Schwabbelscheiben

Manche Gegner von Schwabbelscheiben behaupten, dass beim Abziehen der Schnitzwerkzeuge mit solchen Stoffpolierscheiben die Schneide viel schneller „rund" und somit stumpf wird.

Dies entspricht nur der halben Wahrheit.

Korrekt ist, dass durch das mehrmalige Abziehen auf einer Schwabbelscheibe, die Schneide tatsächlich rund bzw. stumpf wird. Je nach Anwendung muss nach 5 bis 10maligem abziehen die Schneide wieder neu angeschärft werden. Allerdings ist dies ein ganz normaler Verschleiß der bei fast jedem Abziehsystem auftritt.

Denn auch bei den anderen Materialien, wie beispielsweise einer Filzscheibe, tritt nach einigen Abziehvorgängen dasselbe Problem auf. Es muss also auch hier nachgeschärft werden, da die Schneide mit der Zeit „rund" geworden ist.

Hier ein Auszug aus einer Anleitung für das Koch-Schärfsystems:
"...Zu beachten ist, dass dies aber höchstens 5-mal nacheinander gemacht werden sollte, weil bei weitergehenden Schärfvorgängen eine Verformung der Fase und der Schneidenform eintreten kann. Die Fase und der perfekte Schneidenwinkel muss dann auf der roten Feinschleifscheibe oder am Schleifgerät HT 5000 wieder neu aufgebaut werden..."
(Quelle: http://www.schnitzereibedarf-keller.ch -Stand:2007-)
Sie sehen, also auch hier die gleiche Begebenheit.

Ein weiterer Punkt, wieso solch irrtümliche Aussagen entstehen, ist schlichtweg ein gravierender Anwendungsfehler.

Wenn Sie Ihr Schnitzwerkzeug beim Abziehen in einem zu stumpfen Winkel andrücken, wird die Schneide sehr schnell wieder rund.

Beachten Sie deshalb, Ihr Werkzeug immer so flach wie möglich bzw. nötig anzudrücken.

6.8 Schleifen & Schärfen richtig lernen

Wer das Schärfen von Schnitzwerkzeugen richtig erlernen möchte sollte in erster Linie einen speziellen Kurs belegen.

Beachten Sie hierbei jedoch unbedingt sich vorher kundig zu machen. Aus Erfahrung weiß ich, dass sehr viele Schnitzkursleiter, die beispielsweise in örtlichen Volkshochschulen (VHS) ihre Unterrichte abhalten, teilweise selbst nicht gut schärfen können. Natürlich gibt es auch hier Ausnahmen!

Professionelle Kursanbieter, die ich reinen Gewissens empfehlen kann, finden Sie am Ende dieses Buches.

Eine weitere, sehr gute Lehrmöglichkeit sind die mittlerweile erhältlichen Lehrfilme auf DVD.
Vorteil dieser Lehrmethode ist eindeutig, dass Sie sich die verschiedensten Bereiche immer wieder ansehen können, bis es endlich „klick" macht.
Durch die richtige Kameraführung sieht man in solch Filmen meist mehr, als in Kursen die aus mehreren Personen bestehen.

Nachfolgend möchte ich Ihnen diese DVD-Lehrfilme gerne vorstellen:

Von: Tormek

für Naßschleifmaschinen

Von: Kurt Koch

für Koch-Schärfsystem

Von: Hobby-Versand-Spangler

für Doppelschleifmaschinen

7. Hilfreiches zum Schnitzen lernen

Sie wissen nun das Wichtigste zum Thema Holz, Schnitzrohlinge, deren Einspannung sowie zu den Werkzeugen. Kommen wir nun endlich zum Schnitzen selbst.

Ich möchte es aber auch an dieser Stelle nicht versäumen, Ihnen nochmals einen Schnitzkurs ans Herz zu legen. Eine bessere Möglichkeit, des korrekten Erlernens der Schnitztechniken, gibt es nicht.
Wer mit dem Hobbyschnitzen auf Dauer Spaß haben möchte, kommt an einem Schnitzkurs nicht vorbei.
Die Kursgebühren erscheinen zwar anfänglich sehr teuer, lohnen sich jedoch garantiert. Hier steht Ihnen meist persönlich ein Lehrer zur Verfügung der speziell auf Ihre Bedürfnisse eingehen kann, Sie langsam "Schritt für Schritt" an dieses Thema heranführt und Ihre Fragen beantwortet.
Positiver Nebeneffekt dabei ist, man lernt viele Gleichgesinnte kennen mit denen man sich zusätzlich austauschen kann. So entstehen meist auch neue Freundschaften.

Nichtsdestotrotz weiß ich genau, dass viele Anfänger einfach nicht die Möglichkeit haben einen Schnitzkurs zu belegen.
Aus welchen Gründen Sie auch immer einen Schnitzkurs ablehnen, sei es eine weit zu fahrende Strecke, mangelnde Zeit oder eventuell der Preis eines Kurses, sollten Sie nachfolgende Möglichkeiten des Selbststudiums nur als eine Art „Notlösung" betrachten.
Keine hier aufgezeigte Lehrhilfe wird einen persönlichen Lehrer, der Ihnen mit Rat und Tat zur Seite stehen kann, ersetzen können:

Schwierigkeitseinstufungen
Einige wenige Versandhäuser von Schnitzrohlingen (Fa. Koch sowie Fa. Spangler) haben in ihren Katalogen zu jedem Motiv auch eine Einstufung des Schwierigkeitsgrades mit abgedruckt.
Diese helfen Ihnen anfänglich das richtige Schnitzmotiv auszuwählen. Wenn Sie sich nach diesen Vorgaben halten, haben Sie eher Erfolg Ihr Motiv korrekt fertig zu stellen.
Würden Sie als Anfänger einen Schnitzrohling bestellen, der zu den schwierigsten Einstufungen gehört, ist Ihre Erfolgchance nicht gerade groß.

Sofern also vorhanden, halten Sie sich unbedingt an angegebene Schwierigkeitsstufen. So können Sie sich langsam an die schwereren Motive herantasten.

Auch wenn gerade die schönsten Figuren oft die Schwierigsten sind - es bringt Ihnen nichts wenn Sie gleich mit solch Herausforderungen das Schnitzen beginnen.

Schnitzvorlagen / Abbildungen

Bei fast allen Versandhäusern für Schnitzrohlinge erhalten Sie zu jedem Motiv auch Abbildungen von der bereits fertig gestellten Figur.

Auf solchen Schnitzvorlagen ist das Motiv meist in drei Ansichten dargestellt.

Die Vorderansicht, die beiden Seitenansichten und manchmal auch die Hinteransicht.

Bei manchen Anbietern sind sogar zusätzlich noch bekannte Problemzonen wie beispielsweise Gesichter und Hände vergrößert dargestellt.

Solch Vorlagen helfen Anfängern definitiv leichter ans Ziel zu kommen.

Man kann sich somit viele Feinheiten abschauen und gröber gefräste Rohlinge um einiges leichter vollenden.

Rohlinge mit fertigen Gesichtern

Viele Hobbyschnitzer haben Probleme beim Ausschnitzen von ausdrucksstarken Gesichtern.

Hier bieten die Versandhäuser als Zusatzoption manche Schnitzrohlinge auch gleich mit bereits fertig geschnitzten Gesichtern an. Das erleichtert besonders Anfängern, mit wenig Erfahrung, Ihre Figuren zu vollenden.

Allerdings sollten Sie bedenken:

Wenn Sie derartige Problemzonen immer gleich geschnitzt bestellen, werden Sie kaum lernen wie es richtig funktioniert. Auf Dauer ist dies keine Lösung.

Anfänglich ist es in jedem Fall eine gute Erleichterung um mehr Erfahrung beim Figurenschnitzen zu bekommen. Zusätzlich kann man sich an den fertigen Gesichtern einiges abgucken.

Für später empfehle ich Ihnen jedoch unbedingt sich selbst etwas mehr zuzutrauen. Denn ohne Übung wird es nie klappen!

Lehrfilme auf DVD

Ein sehr guter Ersatz für einen Schnitzkurs sind die mittlerweile zahlreichen
Lehrfilme auf DVD (Video).
Hier können Sie anhand der angebotenen Lernschritte Ihre Kenntnisse
sozusagen "abschauen". So als wären Sie Teilnehmer eines privaten Kurses.
Sollten Sie etwas nicht auf Anhieb verstehen, einfach rückspulen und noch mal
von vorn beginnen.

Hier sollten Sie sich jedoch unbedingt anfänglich einige Gedanken machen:

Möchten Sie Rohlinge nachschnitzen, so wie in diesem Leitfaden immer
angesprochen, oder lieber bildhauerische Tätigkeiten erlernen?

Sofern Sie nun vorhaben, Ihre Motive **aus einem rohen Holzblock**
herauszuschlagen, benötigen Sie die Lehrfilme der Fa. Kurt Koch:

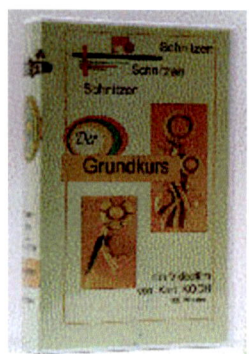   

    Grundkurs   Fortgeschrittene 1   Fortgeschrittene 2   Expertenkurs 1-2

Bei diesen Kurt-Koch-Lehrfilmen wird alles aus einem vollen Block
geschlagen. Sei es im Anfängerkurs oder im Expertenkurs. Überall schnitzt
man aus einem eckigen Holzstück. Es wird alles ausführlich erklärt und jeder
Schritt mehrmals gezeigt.
Zusätzlich sollte man noch die zugehörigen Schnitzkursbücher mitbestellen, da
darin die benötigten Schablonen und weitere Infos sind. Dies bedeutet leider
Mehrausgaben und stellt durchaus einen Minuspunkt dar.

Von diesem "Bildhauen" würde ich Anfängern jedoch unbedingt abraten.
Das Herausschlagen eines Motivs aus einem Holzblock erfordert mehr Können

als das Nachschnitzen eines Rohlings. Hierzu benötigen Sie viel theoretisches Wissen über richtige Proportionen, usw...
So etwas wäre eventuell eine Zielsetzung für später.

Fangen Sie langsam an! Machen Sie nicht zuviel auf einmal!

Zum Erlernen, wie man **Schnitzrohlinge richtig bearbeitet**, benötigen Sie die Lehrfilme von Holzbildhauermeister Wolfgang Korotkow:

 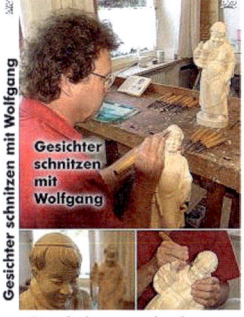  

     Grundkurs   Gesichter schnitzen   Hände u. Füße   Haare u. Bart

Hier wird alles nach vorgefrästen Motiven geschnitzt, so wie es auch von den meisten Hobby- und auch Profischnitzern praktiziert wird.
Diese Filme von Holzbildhauermeister Korotkow beschränken sich auf das Wesentliche. Es ist absolut ohne Werbung oder jegliche lange Vorspanne.
Im Grundkurs habe ich jedoch ein wenig Holzkunde sowie Beitelkunde bzw. -führung vermisst. Dieser Nachteil ist jedoch nicht so gravierend, da man das automatisch in den Praxisübungen erlernt.

Diese Filme, aus der Eigenproduktion des Holzbildhauers, sprechen eindeutig für sich. Besser kann man Ihnen, meiner Meinung nach, das Schnitzen nicht zeigen.

Beide Filmhersteller sind in keinem Fall miteinander zu vergleichen.
Jeder der beiden behandelt ein eigenständiges Thema. Fa. Koch zeigt mehr das Bildhauen wobei Herr Korotkow das verbreitete und einfachere "Schnitzen nach Rohlingen" vorführt.

Schnitzbücher

Auch wenn mein *„Leitfaden zum erfolgreichen Schnitzen"* leider ebenfalls in diese Rubrik gehört, bin ich trotzdem von den ganzen Schnitzbüchern absolut nicht begeistert.

Schnitzen ist ein praktisches Hobby. Ihnen dies in einem Buch, also in reiner Theorie beibringen zu wollen, ist absolut nicht möglich.

Beispielsweise das Autofahren lernt man ja auch nie durch eine theoretische Ausbildung. Das Fahren an sich kann nur in der Praxis erlernt werden. Die Theorie selbst ist in diesem Beispiel nur für das Verkehrswesen zuständig. Und genau so ist es logischerweise beim Schnitzen auch.

All die wichtige Theorie, die Sie zum Hobbyschnitzen benötigen, erfahren Sie in diesem Leitfaden. Mehr muss man nicht wissen.

Der Rest liegt einzig und allein nur am Praktischen und der daraus resultierenden Erfahrung! Es gilt also **„Learning by Doing"**.

Trotzdem gibt es im Buchhandel **ein** empfehlenswertes Werk, indem auch gleich ein passender Lehrfilm mit enthalten ist:

ISBN 978-3-7724-5068-6: **1x1 kreativ Schnitzen, Frechverlag GmbH**

Alles was in diesem Buch nicht exakt gezeigt werden kann, wird in der umfangreichen DVD ausführlich vorgeführt.

Online-Forum

Ebenfalls eine gute Möglichkeit an Tipps und Tricks zu kommen sind Online-Foren. In diesen können Sie Ihre Fragen schreiben, die dann von anderen Schnitzern beantwortet werden.

Auch ältere Fragen von bereits geschriebenen Themen kann man so immer wieder nachlesen.

Ein Forum ist Ideal, die eigenen Erfahrungen mit anderen Schnitzern auszutauschen. Man kann so durchaus sein Wissen erweitern und knüpft auch manchmal richtige „Internet-Freundschaften".

Probieren Sie es aus! Hier die wichtigsten Foren:

Forum-Name	Link-Adresse
Spangler´s Schnitzer-Forum	http://www.hobbyschnitzen.de/forum
Das „Hobby-Schnitzen" Forum	http://www.hobby-schnitzen.de/phorum

8. Wichtige Tipps zum Schnitzen

o   Sorgen Sie für eine helle Beleuchtung an Ihrem Arbeitsplatz.

o   Schnitzen Sie immer vom eigenen Körper weg, niemals in Richtung des Körpers schneiden.

o   Schnitzen Sie immer mit beiden Händen. Eine Hand zum Führen des Eisens, die andere Hand um Schub und Druck zu erzeugen.
Demnach bitte Ihr Werkstück nicht in einer Hand halten während es mit der anderen Hand bearbeitet wird. Das führt sicher irgendwann zu schweren Verletzungen. Eine vernünftige Einspannvorrichtung ist daher zwingend notwendig.

o   Schnitzen Sie nur mit perfekt geschärften Schnitzwerkzeugen. Können Sie sich damit rasieren? Dann ist die Schneide perfekt! Nur so lassen sich die Schnitte sauber und weich im Holz führen.

o   Arbeiten Sie immer mit Gefühl! Auch wenn Sie gelegentlich mit einem Klüpfel nachhelfen, unterlassen Sie „rohe Gewalt".

o   Bringen Sie das Holz immer mit Schnitten in Form. Vermeiden Sie unbedingt Holzreste und Späne aus Ecken und Kanten mit dem Schnitzeisen „herauszuhebeln". Dadurch brechen oft die dünnen Schneiden der Messerklingen.
Beenden Sie einen Schnitt also immer mit einem „Abstechen" oder Gegenschnitt (sofern möglich)! Niemals hebeln und brechen!

o   Überlegen Sie immer erst vorher genau, mit welcher Stichform Sie welche Schnitte ausführen möchten, und ob der Holzfaserverlauf dies auch zulässt. Machen Sie ruhig auch „Trockenübungen" mit etwas Abstand zum Schnitzobjekt.

o   Je größer die zu bearbeitende Fläche und je mehr Holz weggenommen werden muss, umso breiter sollte auch die Stichform gewählt werden.

o   Waschen Sie sich während des Schnitzens auch immer wieder mal die Hände! Wer saubere Hände hat erzeugt auch saubere Schnitzwerke.

o Späne und Staub auf Ihrem Schnitzprojekt immer nur wegpusten oder mit einem sauberen, trockenen Pinsel entfernen! Niemals mit der Hand wegwischen, da dadurch die Holzoberfläche schmutzig und abgegriffen wird.

o Benutzen Sie zwischendurch **kein** Schleifpapier! Hiervon zurückgebliebene Kornrückstände auf dem Holz machen Ihre Schneide sehr schnell Stumpf.

o Besonders weiches oder sprödes Holz neigt beim Schnitzen zum einreißen, trotz scharfer Schnitzmesser!
Achten Sie hier darauf, das Messer nicht nur in eine Richtung zu schieben und zu drücken, sondern damit auch eine leichte Seitwärts-bewegung (bei Hohleisen eine leichte Drehung) auszuführen. Denn nur so können Sie eine zähe Holzfaser sauber und rissfrei durchschneiden.

o Manche Holzstücke oder Schnitzrohlinge sind durch lange Lagerung in beheizten Räumen schon sehr ausgetrocknet. Beim Schnitzen dieser Stücke wirkt das Holz oft hart und spröde. Durch einen kleinen Trick kann man es jedoch vor der Bearbeitung wieder etwas „geschmeidiger" machen:
Nehmen Sie hierzu ein feuchtes Handtuch und wickeln dies um Ihr Holzstück oder Ihren Rohling. Lassen Sie es dann über Nacht umwickelt, sodass die Feuchtigkeit in das Holz einziehen kann. Schneller würde es hingegen mit einem Pumpsprüher klappen, indem Sie das Holz leicht einsprühen und nach kurzer Einwirkzeit schon loslegen können.
Aber Vorsicht: **Nur feucht** machen, **nicht nass**!
Wird das Holz zu nass besteht die Gefahr, dass beim späteren trocknen Risse entstehen oder Leimstellen aufspringen. Lieber zwei Mal nur wenig anfeuchten, als das erste Mal zu viel! Weniger ist mehr!

9. Typische Anfängerfehler

In meinem täglichen Kundenkontakt haben sich mit der Zeit typische Fehler herauskristallisiert, die ungewohnt viele Anfänger -unabhängig voneinander- gerne machen. Auf diese möchte ich nachfolgend ein wenig eingehen:

Krippenfiguren als Erstlingswerke
Viele Neulinge möchten unbedingt mit kleinen Krippenfiguren oder Krippenrohlingen das Schnitzen beginnen:
Da Krippenmotive allerdings meist eine Größe von nur 10-20cm haben, sind solch kleine, filigrane Motive absolut ungeeignet für Anfänger!
Je kleiner eine Figur wird, umso schwieriger wird die exakte Ausarbeitung mit Schnitzwerkzeugen. Viele Stellen müssen mit kleinsten Stichbreiten im 0,5 bis 2mm-Bereich geschnitzt werden. Derlei Feinheiten kann man hingegen nur noch unter Zuhilfenahme von Lupen ausschnitzen.
Ohne langjährige, praktische Erfahrung Holzformen richtig zu schnitzen, Schnitzwerkzeuge richtig zu benutzen und Schnitte korrekt auszuführen, kann dieses Vorhaben nur scheitern!
Daher: Beginnen Sie immer mit größeren Motiven (je größer, umso besser) und grenzen Sie die Motivwahl selbst auf Tiere, Pflanzen oder Landschaftsdarstellungen ein. Auch Gebrauchsgegenstände wie z.B. Schalen oder Teller sind gute Erstlingswerke.

Schnitzmesser aus Baumarkt
Ich vermute bestimmt 90% aller Autodidakten kaufen sich immer erstmals billige Schnitzwerkzeuge aus Baumärkten oder Online-Angeboten. Dort findet man oft kleine Komplettsätze die zwischen 10€ und 30€ verkauft werden:
So verlockend diese Angebote auch sind, lassen Sie unbedingt die Finger davon! Oder gehören Sie etwa schon jetzt zu den 90% und wundern sich wieso es bisher damit einfach nicht klappen wollte?
Diese Schnitzmesser bieten neben der oftmals zu kurzen Klinge keine ausreichende Härtung. Ich würde sowas eher als „Blech" bezeichnen. Ein bis drei Schnitte können Sie vielleicht damit machen, das war´s dann aber auch schon. Wie im Kapitel 5. bereits erklärt, muss der Stahl hart genug sein um möglichst lange damit schnitzen zu können.
Daher: Wenn Sie Geld sparen möchten besorgen Sie sich besser gebrauchte, ältere Markenprodukte. Sie können im Schnitzhobby vieles durch Eigenleistung einsparen, aber gute Schnitzeisen sind ein Muss!

Ein Schnitzrohling und ein Messer, bitte

Viele Einsteiger suchen sich ein schönes Rohlingmotiv aus und möchten dann ein einziges, passendes Schnitzeisen dazu. Wenn die Geldbörse „locker" sitzt, dürfen es manchmal aber auch zwei Stück sein:

Ja gut, ich gebe es zu, nichts ist unmöglich. So etwas wäre durchaus machbar, aber nur sofern man sich dann mit dem entstandenen Ergebnis zufrieden gibt. Vergessen Sie diese Gedanken bitte sofort wieder. Sie wollen beim Schnitzen ein schönes, sauberes Ergebnis erreichen. Das schafft man nur mit einer Vielzahl an verschiedenen Stichformen und Stichbreiten. Je komplexer und faltenreicher ein Motiv, Ecken und Kanten, Wellen oder glatte Flächen – all´ das benötigt auch darauf angepasste Werkzeugformen. Je mehr zur Auswahl stehen und je erfahrener Sie werden, umso schöner wird Ihre Schnitzerei!

Daher: Wenn das Geld nur für ein oder zwei Schnitzeisen ausreicht. Warten Sie lieber noch mit dem Beginn Ihrer Schnitzkarriere. Nehmen Sie das zur Verfügung stehende Geld und investieren Sie es lieber in ein Buch, einen Lehrfilm oder eventuell in einen „Schnupperkurs".

Mit Messern schnitzen bis nichts mehr geht

Einige Hobbyschnitzer arbeiten mit Ihren Werkzeugen so lange, bis unsaubere oder rissige Schnittflächen entstehen, sowie kleine Holzstückchen ausbrechen. Erst dann werden Ihre Schnitzwerkzeuge nachgeschärft:

Hier haben wir es mit einem großen „Grundproblem" zu tun. Sehr viele Anfänger wollen unbedingt schnitzen, jedoch keine Werkzeug schärfen. Das Interesse und die Lust hierzu fehlen.

Sie können es aber leider nicht so praktizieren wie oben beschrieben. Denn mit jedem einzelnen Schnitt wird Ihre Schneide stumpfer. Je stumpfer Ihre Schneide, umso mehr Kraft benötigen Sie und umso schlechter, unsauberer wird die Holzoberfläche bzw. das Schnittergebnis.

Je nach Holzart und Werkzeugqualität ist man während des Schnitzens die ganze Zeit immer wieder mit dem Abziehen der Werkzeuge beschäftigt. Nur so erreicht man bestmögliche Ergebnisse.

Daher: Ändern Sie unbedingt Ihre Einstellung zum Holzschnitzen. Verinnerlichen Sie, dass man nur ein guter Schnitzer werden kann, wenn man seine Werkzeuge durch ständiges Nachschärfen und Abziehen im rasiermesserscharfen Zustand halten kann.

Mit billigen Schnitzeisen das Schärfen üben

Anfänger, die sich endlich an das Schärfen Ihrer Werkzeuge wagen, üben dies mit den „sowieso schon rumliegenden" Billigwerkzeugen, die ja zum Schnitzen ohnehin nichts taugen:

Mir ist klar, dass niemand seine teuren Schnitzeisen verunstalten und unnötig verschleißen möchte. Jedoch hat der Grundgedanke „beim billigen Werkzeug macht man nicht viel kaputt" einen großen Haken.

Wer dieses Buch bisher aufmerksam gelesen hat sollte selbst darauf kommen. Gehen wir also davon aus, dass Sie eine perfekte Schneide auf Anhieb zaubern würden, aber beim ersten oder zweiten Testschnitt in ein Holzstück wird die Schneide sofort wieder stumpf!? Da Sie ja noch keine Erfahrung im Schärfen hatten, müssen Sie nun davon ausgehen, hier etwas falsch gemacht zu haben. Sie versuchen es also aufs Neue und verzweifeln irgendwann an der ganzen Thematik. Irgendwie will es einfach nicht gelingen. Sind Sie etwa unfähig hierzu?

Nein! Ich kann Sie beruhigen, es liegt nicht an Ihren Fähigkeiten!

Der minderwertige Werkzeugstahl (als das Blech) ist meistens einfach zu weich um Standfestigkeit zu haben. Der Stahl ist das große Übel. Auch wenn Sie diesen noch so gut geschärft haben, kann das Material es nicht aufs Holz übertragen.

Daher: Respekt und Gefühl ist eine gute Vorrausetzung um das Schärfen zu üben. Aber so weh es auch dem Herzen tut, richtiges lernen, erspüren und testen ermöglichen eben nur die guten, teuren Marken-Werkzeugstähle.

10. Endbehandlung

<u>Figuren wachsen oder beizen</u>
Wachse, Beizen und kombinierte Wachsbeizen sind in farblosen sowie verschiedenen Tönungen erhältlich.

Mit einem Wachs können Sie Ihren geschnitzten Figuren am Ende eine versiegelnde, schmutz- und staubschützende Schicht verpassen.

Mit Beizen oder Wachsbeizen sorgen Sie für das letzte „I-Tüpfelchen". Kleinere, störende Äste, Verfärbungen oder leichte Farbunterschiede durch Verleimungen könnte man somit retuschieren.
Beim mehrfarbigen Beizen einer Figur kommen Konturen und Falten schöner zur Wirkung und verbessern somit den Gesamteindruck.

einfarbig gebeizt

mehrfarbig gebeizt

Im Gegensatz zum normalen Bemalen einer Figur, mit beispielsweise Acrylfarben, ist das Beizen oder Wachsen wirklich sehr einfach auszuführen! Hierzu beachten Sie einfach die Hinweise der jeweiligen Hersteller und befolgen die Beizanleitungen Ihres Händlers.

Wichtig!
Mit Sandpapier geschliffene Figuren sind nicht zum Beizen geeignet. Durch die aufgeraute Oberfläche könnte der Farbton fleckig werden.

Figuren colorieren

Zum Bemalen von geschnitzten Figuren gibt es leider unzählig verschiedene Techniken.

Jeder Maler hat im Laufe der Zeit bevorzugte Materialien gefunden und seine Bemalungsabläufe entsprechend nach seinem Geschmack verändert.

Grundsätzlich kann man Öl,- Wasser,- Acryl,- Pigment- und sogar Dispersionsfarben verwenden.

Jede Farbart erfordert jedoch unbedingt auch andere Grundierungen bzw. Grundierungs- und Maltechniken.

Die am meisten verwendeten Maltechniken sind das Lasieren und das Fassmalen:

Beim **Lasieren** wird die Grundierung meist mit durchsichtigen Lacken ausgeführt, so dass die Holzstruktur, durch die nicht ganz deckende Farbe, noch hindurchschimmern kann. Auch die Schnitte des Schnitzmessers bleiben ebenfalls gut erkennbar. Vergoldungen werden hier meist mit „Schlagmetall" oder „Streichgold" gemacht.

Beim **Fassmalen** hingegen verwendet man meist einen dick aufgetragenen Kreidegrund auf dem dann der Farbton gestrichen wird. Diese spezielle Grundierung ist von Nöten damit das Vergolden mit echtem Blattgold bewerkstelligt werden kann. Von der Schnitzerei selbst sowie vom Holz sieht man hier allerdings nichts mehr.

Das Fassmalen wird auch als „Kirchenmalerei" bezeichnet, da die meisten Figuren in Kirchen diese sehr wertvolle Malart besitzen. Zugleich ist die Fassung auch die schwierigste Art Figuren zu bemalen.

Zu diesem sehr komplexen und schwierigen Thema kann ich Ihnen nur einen einzigen Tipp geben:

Beginnen Sie niemals ohne Hilfe Ihre Figuren selbst zu colorieren.

Mit sehr hoher Wahrscheinlichkeit wird die Figur mangels Ihrer Erfahrung nicht gelingen. Ihre mühevolle Arbeit des Schnitzens hätten Sie somit zerstört.

Belegen Sie unbedingt einen Malkurs. Dort erlernen Sie alles Wichtige über Grundierungen und Farbarten. Ohne dieses Grundwissen werden Sie niemals Erfolg haben!

Kursadressen finden Sie im 12. Kapitel.

Genau wie beim Schnitzen auch, gibt es hierzu als „Notlösung" mittlerweile
DVD-Lehrfilme die dieses Thema behandeln.
Hier wird Ihnen nötiges Grundwissen mit allen Feinheiten beigebracht.
Meines Erachtens also absolut empfehlenswert!

Zum Lasieren:

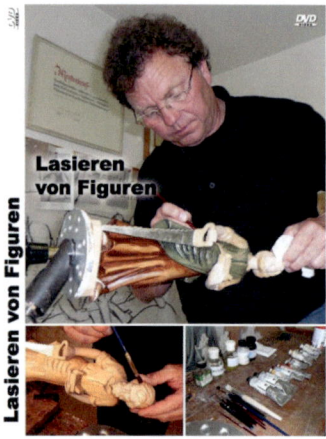
Lasieren mit Ölfarben

Vergolden

Zum Fassmalen:

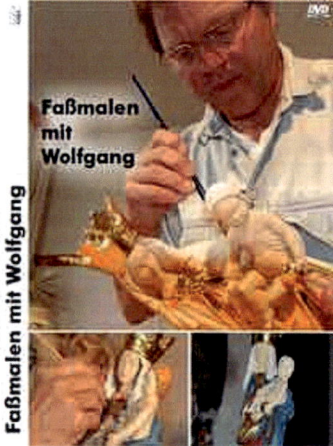
Fassmalen mit Acrylfarben

Poliment - Vergolden

11. Häufig gestellte Fragen (FAQ)

Um Ihnen am Ende nun zusätzlich ein wenig „auf die Sprünge" zu helfen, werde ich nachfolgend oft gestellten Fragen beantworten.

Wer meine vorherigen Kapitel aufmerksam gelesen hat, wird die meisten Fragen sicherlich schon selbst beantworten können.

Sollte trotz aller Sorgfalt Ihre eigene, noch offene Frage nicht mit dabei sein, zögern Sie in keinem Fall mit mir in Kontakt zu treten (*siehe Impressum*).

11.1 Thematik: Schnitzen

Welche Vorkenntnisse benötige ich?

Grundsätzlich keine! Glauben Sie aber bitte nicht, mal eben schnell nebenher eine Figur zu schnitzen – das wird nicht klappen.
Viel Zeit nehmen müssen Sie sich dafür unbedingt!
Aller Anfang ist schwer und jedes „Handwerk" eben nur mit ausreichend Wille und Geduld zu erlernen.
Sollten Sie aber zufällig gut Zeichnen können, steckt definitiv auch ein guter Schnitzer in Ihnen.

Muss ich unbedingt einen Schnitzkurs besuchen?

Ja und Nein! Es wäre einfach die beste Lösung, wenn Sie Ihre ersten Versuche im Beisein eines Schnitzlehrers machen. Dieser kann Ihnen sofort jede Frage beantworten und Ihnen „live" zeigen wie man es besser macht. Auch kann dieser Dozent, da er Ihnen ja seine eigene Schnitztechnik vermittelt, Hilfestellung und Beratung zum geeigneten Schnitzmesserkauf geben.
Wenn Sie keinen Kurs machen möchten oder können gibt es natürlich auch Möglichkeiten es im Eigenstudium zu erlernen. DVD-Lehrfilme, zahlreiche Bücher und auch spezielle Anfängersets werden von den meisten Fachhändlern angeboten.

Welches Holz eignet sich zum Schnitzen?

Am besten bewährt hat sich die Linde! Diese bietet ein weiches Holz mit meist gleichmäßiger, dezenter Struktur und Maserung sowie dabei wenig große Asteinschlüsse.
Grundsätzlich können Sie aber jede Holzsorte schnitzen. Beachten Sie bei der Auswahl aber unbedingt: Besonders harte (z.B. Eiche) und auch besonders weiche, faserige Holzsorten (z.B. Fichte) machen Ihnen das

Schnitzerleben schwer. Wenn keine Linde verfügbar ist weichen Sie besser auf Zirbe (Arve), Strobe (Weymouth-Kiefer) oder die bei nativen Amerikanern beliebte Holzsorte „Red Cedar" aus.

Mit welchen Motiven beginne ich das Schnitzen?

Erstmals sollten Sie sich Gedanken machen, ob Sie ein Motiv nach Ihren Vorstellungen von einem rohen Stück Holz ausarbeiten, oder einen vorgefrästen Rohling überschnitzen möchten.

Für das Schnitzen aus einem vollem Holzblock, also das Holzbildhauen, benötigen Sie Wissen zur Verhältnislehre, meist breitere und viel mehr Schnitzeisen sowie natürlich mehr Zeit.

Allen Anfängern rate ich daher erstmals das Schnitzen eines Rohlings zu bewerkstelligen. Denn hier müssen Sie sich „nur" auf das saubere Nachschnitzen vorgegebener Formen und Konturen konzentrieren. Dies liest sich hier aber einfacher, als es letztendlich ist.

Egal ob Sie nun Holzbildhauen oder das Schnitzen nach Rohlingen praktizieren möchten:

Wählen Sie anfänglich immer eher größere Motivmaße um sich zeitaufwendige, filigrane Schnitzarbeiten zu ersparen.

Beginnen Sie mit schlichten Motiven wie Reliefarbeiten, Schilder oder Schalen um die Eigenschaften der Holzbearbeitung in der Fläche (Höhe+Breite) kennenzulernen.

Erst wenn dies zu Ihrer Zufriedenheit klappt, steigern Sie sich mit „plastischen" Tiermotiven um Erfahrungen in der dreidimensionalen Bearbeitung (Höhe+Breite+Tiefe) zu sammeln.

Später versuchen Sie sich mal an „betenden Händen" oder „Büsten" um eben Hände, Köpfe und Gesichter schnitzen zu üben.

Erst nach diesen wichtigen Erfahrungen sollten Sie sich an komplett menschliche Darstellungen wagen.

Wieso finde ich keine Anleitungen welche Stichformen für welche Motive geeignet sind?

Das liegt daran, dass es beim Schnitzen keine „Goldene Regel" gibt. Letztendlich entscheidet nur Ihr Schönheitssinn und Ihre Vorstellung, was richtig ist und was falsch.

Jeder Schnitzer entwickelt seine eigenen Vorlieben, hat Lieblings-Schnitzeisen und möchte bestimmte charakteristische Merkmale mit speziellen Schnitten ausarbeiten.

Wenn Sie beispielsweise drei Schnitzer um deren Stichform-

Empfehlung bitten, werden Sie dabei meist auch verschiedene Antworten bekommen.

Trotzdem habe ich einige hilfreiche Richtlinien für Sie:

- Sehen Sie sich immer erst die zu bearbeitende Stelle genau an, und wählen Sie entsprechend der vorhandenen Wölbungen, Falten und Formen das hierzu am besten passendste Schnitzeisen bzw. Stichform aus.
- Je größer die zu schnitzende Fläche, umso breiter sollte das Schnitzeisen gewählt werden.
- Bei groben Bildhauerarbeiten immer möglichst große, breite Stichformen benutzen.
- Bei kleinen Feinarbeiten und beim Nachschnitzen von Rohlingen, eher weniger breite Stichformen wählen.
- Bedenken Sie auch immer, dass man Schnitzeisen wie z.B. ein Hohleisen „beidseitig" benutzen kann:

für Aushöhlungen und Vertiefungen   für erhabene Falten und Wellen

normale Schnittführung   gedrehte Haltung

Wie erreiche ich eine glatte, saubere Oberfläche beim Schnitzen, wenn ich dafür kein Schleifpapier zu Hilfe nehmen darf?

Dies ist abhängig von Ihrer Erfahrung. Man benötigt dafür einfach sehr viel Übung. Je besser Sie mit der Zeit werden, umso weniger Schnitte sieht man danach. Die Holzoberfläche wirkt dadurch glatter.

Versuchen Sie die zu bearbeitende Fläche immer mit möglichst wenig „neu angesetzten" Schnitten zu schnitzen. Suchen Sie eine zur Fläche passende Stichform und wählen Sie diese in einer möglichst breiten Ausführung.

Letztendlich sprechen wir hier aber über eine **Hand**schnitzerei, bei der man immer Schnitte sehen wird. Genau das zeichnet eine echte Handschnitzerei aus. Genau das macht Ihr Schnitzobjekt individuell. Nur so ist ein Unterschied zu einer maschinellen Serienproduktion sichtbar.

Würden Sie mit Schleifpapier/Sandpapier arbeiten, wird die Holzoberfläche matt und aufgeraut. Beim Schneiden mit Schnitzwerkzeugen hingegen glatt und glänzend.

Sollten Ihre Schnitte hingegen nicht glänzend (also rau, faserig oder rissig) werden, ist Ihr Schnitzeisen nicht scharf genug. In diesem Fall müssen Sie unbedingt das Schärfen der Werkzeuge besser Üben.

11.2 Thematik: Werkzeug

Welche Grundausstattung benötige ich?

Nachfolgendes benötigen Sie unbedingt. Darauf dürfen Sie absolut nicht verzichten:

- Eine Einspannvorrichtung, um Ihre Schnitzvorhaben sicher und fest arretieren zu können.
- Schnitzwerkzeuge in verschiedenen Stichformen.
- Ein Schleifsystem zum Schärfen der Schnitzmesser.

Welche und wie viele Schnitzwerkzeuge benötige ich als Anfänger?

Das lässt sich leider „pauschal" nicht beantworten. Zum einen ist es abhängig vom Motiv das Sie schnitzen möchten. Zum anderen auch von der jeweiligen Motivgröße. Auch die Schnitztechnik, die Ihnen evtl. bereits gezeigt wurde, beeinflusst die Eisenauswahl enorm. Grundsätzlich wäre es das Einfachste (wenn auch nicht das Idealste) erst mal ein kleines 6 oder 12-teiliges Schnitzwerkzeugset zu kaufen und sich damit an Ihre ersten Werke zu wagen.

Denn nur so können Sie selbst erkennen, wann eine andere, gerade nicht vorhandene, Stichform besser geeignet wäre. Diese Methode hält anfänglich die Ausgaben gering und fördert dabei zugleich Ihren kreativen Einsatz mit den bereits vorhandenen Schnitzeisen.

Reicht es vorerst nicht auch nur 1-2 Schnitzeisen zu kaufen?

Ja und Nein! Wie oben schon beschrieben hängt es von dem zu schnitzenden Motiv und der Schnitztechnik ab.

Wenn Sie einen vorgefrästen Rohling nachschnitzen möchten, reichen Ihnen ein oder zwei Messer definitiv nicht aus. Je mehr Stichformen Sie hier zur Auswahl haben, umso schöner werden auch die Ergebnisse.
Es gibt jedoch im Buchhandel einige englischsprachige Bücher, die sich mit dem Schnitzen von kleinen, lustigen Tiermotiven und Karikaturen befassen. In diesen Lehrbüchern werden fast alle Motive mit nur ein bis zwei Kerbschnitzmessern (Rosenmesser, usw.) vollendet.
Suchen Sie hierzu bei Online-Buchhändlern mal nach „Woodcarving".

Kann ich anfänglich auch mit billigen Werkzeugen schnitzen?
Wenn Sie billige Schnitzmesser kaufen, haben Sie mit hoher Wahrscheinlichkeit kaum oder wenige Erfolgserlebnisse damit. Die billigen Stähle lassen sich nicht scharf genug schleifen oder werden nach nur sehr wenigen Schnitten sofort wieder stumpf. Auch bei nur kleinen Schnitzvorhaben stoßen Sie trotzdem sehr schnell an die Grenzen des billigen Materials.
Besonders bei Schnitzwerkzeugen gilt der Spruch:
„Wer billig kauft – kauft zweimal".

11.3 Thematik: Schärfen

Benötige ich unbedingt eigenes Schärfwerkzeug für meine Schnitzmesser?
Ja, absolut! Ein Schnitzmesser verliert schon nach wenigen Schnitten die volle Schärfe. Beim Schnitzen sind Sie dadurch zwangsläufig immer mit dem Abziehen und Nachschärfen der Eisen beschäftigt.
Es reicht nicht, wie viele glauben, Ihr Schnitzwerkzeug nur zwei Mal im Jahr von einem Profi schärfen zu lassen. Ihre Schnitzwerke würden dadurch nicht so schön und nur mit großer Anstrengung und viel Ärger fertig werden.
Auch ist es billiger etwas Geld für ein Schärfsystem zu investieren, als wiederholend Jemanden zu bezahlen, der Ihre Eisen scharf macht.

Kann ich auch mit händischen Methoden schärfen ohne gleich eine Maschine kaufen zu müssen?
Können Sie durchaus, allerdings würde ich es Ihnen <u>nicht</u> empfehlen. Das Schärfen mit Arkansas-Steinen, belgischen Brocken, Lederriemen usw. ist zwar günstiger als mit Maschinen, benötigt jedoch viel mehr Geschick und enorm mehr Zeitaufwand.

Einem Anfänger rate ich eher zu einem Maschinensystem. Denn die Vorteile liegen „auf der Hand":

- Schneller, scharfe Werkzeuge - dadurch mehr Zeit für das Schnitzen selbst.
- Bessere Schärfe der Klinge – da Kaltschleifsteine „grober" sind als Scheiben mit Diamantkorn oder Abziehscheiben mit Polierpasten.
- Einfacher und schneller für Anfänger zu erlernen.

Heutzutage fahren Sie doch auch lieber mit dem Auto als mit dem Fahrrad, oder? Obwohl das Radfahren gesünder, umweltfreundlicher und vor allem billiger ist, möchten die meisten Menschen den Komfort und die Schnelligkeit eines Autos nicht mehr missen!
Bei den Schleifmaschinen ist es eben genauso. Diesen Komfort und die Schnelligkeit kann keine andere Schärfmethode ersetzen.

Reicht eine günstige Schleifmaschine aus dem Baumarkt auch?

Ja und Nein! Zum Schleifen der Schnitzwerkzeuge können Sie solch Doppelschleifer und Nassschleifmaschinen bzw. Trocken- und Nassschleifkombinationen durchaus verwenden.
Um jedoch eine für Schnitzer benötigte, rasiermesserscharfe Schneide zu erreichen, muss man die Eisen danach noch abziehen. Dies können Sie mit den Baumarktmaschinen bauartbedingt leider nicht erledigen! Hier benötigen Sie Spezialmaschinen die eine korrekte Drehrichtung und Stärke aufweisen um weiche Abziehscheiben aus Filz, Gummi, Leder sowie Schwabbelscheiben erfolgreich zu verwenden.

Wie oft muss ich mein Werkzeug schärfen?

Schwierig zu beantworten, da sehr viele Faktoren beeinflussend auf die Schnitthaltigkeit der Schneide einwirken:

- Bearbeitet man hartes oder weiches Holz?
  Je härter das Holz, umso eher wird die Schneide stumpf.
- Wie hochwertig ist der Stahl Ihrer Werkzeuge?
  Billigmesser werden schneller stumpf als Markenprodukte
- Wie bzw. in welchem Winkel ist das Schnitzeisen bereits angeschliffen?
  Je stumpfer der Schneidenwinkel, umso länger ist die Schneide scharf (liefert dadurch aber nicht so schöne Ergebnisse).

Je spitzer der Schneidenwinkel, umso kürzer ist deren Standfestigkeit und wird schneller stumpf (bietet aber dafür schönere Schnittergebnisse)

Grundsätzlich können Sie es jedoch daran erkennen, wie Ihre Schnittergebnisse im Holz aussehen. Schimmert ein fertiger Schnitt etwas „weißlich" (=rau), sind kleine Riefen oder Rillen vorhanden, wirkt es rissig oder bricht beim Schnitzen das Holz schneller aus - muss unbedingt nachgeschärft werden.
Auch können Sie es „spüren" wann man ein Messer neu schärfen muss. Je mehr Kraft Sie für einen Schnitt aufwenden müssen, der zuvor spürbar leichter war, umso stumpfer ist die Schneide bereits geworden.
Daher: Schärfen Sie lieber zu viel, als zu wenig!

12. Adressen / Links

Schnitz- und Colorierkurse:
....mit hoher Lehrqualität !

Schulungswerkstätte und Kunsttischlerei
Olt Bernd
Eulbacher Str. 34
D-64750 Lützelbach / Breitenbrunn
http://www.kunsttischlerei-olt.de

Freiberuflicher Kunstpädagoge
Büdeker Reinhold
Bürgermeister-Stahn-Wall 37
D-31582 Nienburg
http://www.holzkopf.org

für Österreich:

Schnitzschule
Naschenweng Hannes
Untergratschach 44
A-9821 Obervellach (Mölltal)
http://www.schnitzkurs.com

Schulungswerkstätten
Geisler / Moroder
Elbigenalp 63
A-6652 Elbigenalp (Lechtal)
http://www.schnitzschule.com

**Fragen Sie unbedingt auch an örtlichen bzw. nächstgelegenen
Volkshochschulen (VHS) nach Schnitz- oder Holzbildhauerkursen!
In wirklich vielen Städten werden derartige Kurse angeboten.**

➔ Unter nachfolgender Internetadresse finden Sie auch eine nach PLZ
geordnete Schnitzkurs-Anbieterlist:
http://www.hobbyschnitzen.de/site/schnitzkurs.html

Schnitzvereine / Clubs:
....mit Clubzeitschrift !

Schnitzclub Olt
Eulbacher Straße 34
D-64750 Lützelbach / Breitenbrunn
http://www.kunsttischlerei-olt.de

Club Geisler / Moroder
Elbigenalp 63
A-6652 Elbigenalp (Lechtal / Tirol)
http://www.schnitzschule.com

Schnitzerbedarf-Versandhäuser:
...für Schnitzrohlinge, Lehrfilme,
Werkzeuge, Schleifmaschinen
und vieles mehr !

Hobby-Versand-Spangler
Schloßstr. 4 / Raitenbuch
D-92366 Hohenfels
http://www.schnitzerbedarf.de

Holzschnitzereien Beuße
Dolder Straße 2
D-87637 Speiden / Eisenberg
http://www.holzschnitzereien-beusse.de

Schnitzerzentrum Koch
Steineckstraße 36
D-67685 Eulenbis
http://www.koch.de

PreCarv Austria
Elbigenalp 63
A-6652 Elbigenalp (Lechtal / Tirol)
http://www.precarvaustria.at

Schnitzholz-Versandhäuser:
....Linde und andere Hölzer !

Keßler Thomas
Burgviertel 12
D-64385 Reichelsheim-Beerfurth
http://www.zuschnittholz.de

Terhörst Mark
Ahauser Str. 6
D-48739 Legden
http://www.hobbyholz.de

Malerbedarf-Versandhäuser:
....zum Colorieren und Vergolden !

Boesner GmbH
Gewerkenstr. 2
D-58456 Witten
http://www.boesner.com

Gerstaecker GmbH
Wecostr. 4
D-53783 Eitorf
http://www.gerstaecker.de

Noris Blattgold GmbH
Rennmühle 3
D-91126 Schwabach
http://www.noris-blattgold.de

Informative-Internetseiten:
...für angehende Hobbyschnitzer !

http://www.hobbyschnitzen.de/

http://www.hobby-schnitzen.de/

http://www.holzwerken.net/

http://www.holzwerken.de/

13. Schlusswort

Sicherlich haben Sie bemerkt, dass sich der größte Teil dieses Leitfadens mit dem Schleifen und Schärfen von Schnitzwerkzeugen befasst.
Dies ist (leider) das Allerwichtigste beim Schnitzen. Wer es beherrscht, hat die größte Hürde hinter sich und ist zugleich schon besser als viele andere Hobbyschnitzer.
Die meisten langjährig praktizierenden Hobbyschnitzer vernachlässigen das Schärfen mangels Interesse und Lust. Der größte Teil will zwar Schnitzen, aber sein Werkzeug am besten nie schleifen. Viele geben Ihre Eisen sogar zum Schärfen an Firmen ab und geben dafür jährlich Unmengen an Geld aus. Da wäre sicherlich eine Investition in eine Schleifmaschine günstiger.
Man könnte dies vergleichen mit einem vornehmen Reiter, der sein eigenes Pferd nicht satteln und pflegen will, und dafür immer Bedienstete in Anspruch nimmt. Einen Bezug zu seinem Pferd, wird er damit wohl niemals bekommen.

Befolgen Sie meine Ratschläge. Sie werden sehen, es ist der richtige Weg.

Auch werden Sie sich Fragen, warum ich, als Geschäftsführer des *Hobby-Versand-Spangler*, einen Leitfaden verfasse, der unter anderem auch meine eigene Konkurrenz und deren Produkte vorstellt!?
Hätte ich dies nicht getan und immer nur die halbe Wahrheit erzählt, könnte ich mich zu all´ den anderen Konkurrenten schlichtweg mit einreihen.
Ich möchte hier mit echten und ehrlichen Standpunkten Klarheit schaffen.
Natürlich werden einige so etwas als geschäftsschädigend betrachten. Jedoch möchte ich es besser machen als Andere.

Mir liegt es tatsächlich am Herzen, dass Sie einen Erfolg beim Schnitzen erzielen!

Denn..........

„ Ehrlichkeit währt am längsten!"

In diesem Sinne viel Erfolg und gutes Gelingen.
Spangler Thomas

FSC
www.fsc.org

MIX

Papier aus ver-
antwortungsvollen
Quellen

Paper from
responsible sources

FSC® C105338